Diana Kinnert

FÜR DIE ZUKUNFT
SEH' ICH SCHWARZ

Plädoyer für einen modernen Konservatismus

ROWOHLT TASCHENBUCH VERLAG

2. Auflage Juni 2017

Originalausgabe
Veröffentlicht im Rowohlt Taschenbuch Verlag,
Reinbek bei Hamburg, Juni 2017
Copyright © 2017 by Rowohlt Verlag GmbH, Reinbek bei Hamburg
Umschlaggestaltung ZERO Werbeagentur, München
Umschlagabbildung Benjamin Zibner Photography
Innentypografie Daniel Sauthoff
Satz Lyon Text OTF (InDesign)
Gesamtherstellung CPI books GmbH, Leck, Germany
ISBN 978 3 499 63237 2

FÜR MAMA, PAPA UND JANET.

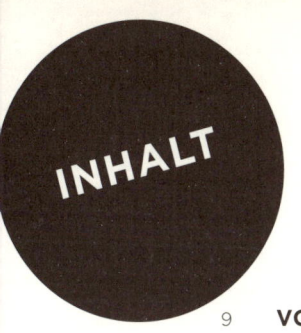

INHALT

Geht eine junge Frau zum CDU-Stammtisch, und niemand spricht mit ihr. Beim nächsten Mal auch nicht. Dann schließlich, beim dritten Mal, steht endlich einer auf und kommt auf sie zu, sie überlegt noch, ob er jetzt als Erster die Hand reichen wird, oder ob sie das tun soll, dann sagt er: «Zwei Bier, bitte!»

Diese Geschichte, die von verschiedenen Zeitungen aufgegriffen wurde, ist meine Geschichte. Es ist die Geschichte meines Eintritts in die CDU – als unerfahrener junger Mensch ohne Kontakte ins politische Geschäft, als emanzipierte und selbstbewusste Frau mit großstädtischer Erziehung und liberalem Denken, als Person mit interkontinentaler Herkunftsgeschichte.

Und obgleich diese Geschichte eines missglückten Starts in einer der größten deutschen politischen Parteien schnell auserzählt ist, eignet sie sich doch sehr gut als Bild für vieles, das der Politik im Allgemeinen und auch der CDU im Besonderen vorgeworfen wird: dass es an Offenheit und Bereitschaft für Neues und für Neue fehlt, dass die Jüngeren, die Frauen und Migranten noch immer als Exoten in den Motorenräumen der Macht gelten, dass es ohne das Abbild des gesellschaftlichen

Querschnitts an zeitgemäßer, lebensnaher Politik fehlt. Und diese braucht es doch, heute mehr denn je, in einer Zeit, die unwägbarer ist denn je, die uns eine nie da gewesene Welt vorhält, die komplex und unübersichtlich ist, radikal globalisiert und fragmentiert, einnehmend kompetitiv und gespenstisch disruptiv, kurz: eine Welt, die aus den Fugen geraten ist und bewährte politische Kräfte mit Ohnmacht wie Hysterie überschüttet – nicht zuletzt auch die konservativen.

Dieses Buch will eine Stimme sein in der gegenwärtigen Debatte zur Neujustierung konservativer und christdemokratischer Politik im 21. Jahrhundert. «Wenn wir wollen, dass alles so bleibt, wie es ist, dann ist es nötig, dass sich alles verändert», heißt es in Giuseppe Tomasi di Lampedusas Roman *Der Leopard*. Wer immergültigen politischen Grundwerten Rechnung tragen will, da sich die Bedingungen der Wirklichkeit verändern, kommt nicht umhin, konkrete politische Programmatik zu hinterfragen und neu zu denken. In verschiedenen Kapiteln nähere ich mich verschiedenen Grundsatzfragen unserer Gegenwart, von der Flüchtlingspolitik bis hin zur Zukunft Europas, von der Wohlstandsmehrung im digitalen Zeitalter bis hin zu erfolgreicher Identitätspolitik, von der Modernisierung der Parteiapparate bis hin zur Debatte um die Sterbehilfe, von *political correctness* bis hin zu *fake news*, und will Antworten geben, die ich für im besten Sinne modern und konservativ in einem halte.

In seiner berühmten *Pascal'schen Wette* argumentierte der französische Philosoph Blaise Pascal im 17. Jahrhundert, es sei stets eine bessere «Wette», an Gott zu glauben, weil der Erwartungswert des Gewinns, der durch den Glauben an einen Gott erreicht werden könnte, nämlich ins Himmelreich aufzusteigen, stets größer sei als der Erwartungswert im Falle des Unglaubens, dass dann nämlich nichts geschehe. Glauben wir doch an Gott, schlug Pascal vor, da wir im Falle, dass es ihn gäbe, belohnt werden würden, während, wenn wir uns irrten, genauso leer ausgingen, wie wenn wir den Glauben an ihn gleich ablehnten.

Glauben wir doch an eine Zukunft, die wir retten können, will ich vorschlagen, weil der Unglaube an ein lebenswertes Morgen eben keine Alternative ist. Glauben wir doch daran, dass die verbitterten Rufe nach Verbarrikadierung und Protektionismus, Moralismus und Konformismus, Gleichartigkeit, Unfreiheit und Zwangsmoral die schlechtere Wette sind.

Nur wer die inhaltlich längst überstrapazierte Formel von Angela Merkels «Wir schaffen das» zur Haltung erklärt, kann den Mut und die Kraft aufbringen, neue Ideen für ein besseres Morgen zu entwickeln. Ich will einen Versuch unternehmen – mit einem Plädoyer für mehr Demokratie und mehr Parteienengagement und einem ernsten Beitrag für ein konservatives und christdemokratisches politisches Denken.

MIT SECHS AUGEN.
Die Entdeckung des Politischen

Rajvinder Singh lernte ich vor über zehn Jahren kennen. Er, der aus Indien stammende Schriftsteller und Lyriker, mit voller schwarzer Haarpracht, angegrautem Vollbart und braunem Fischgrätjackett über weißem Hemd, begegnete mir, damals 15-jährige Schülerin, im Rahmen eines Schulprojekts. Die Schulleitung hatte eine mehrtägige Schreibwerkstatt für einen ausgewählten Kreis sprachbegeisterter Schüler eingerichtet. Singh war als Schreiblehrer, ich als eine der Schreibschülerinnen geladen. Als er am ersten Tag der Werkstatt vor uns trat, wagte kein Schüler ein Wort zu flüstern. Singhs Aura war einnehmend. Ihn umgab eine Sphäre natürlicher Autorität. Erst als er sich mit warmer Stimme und indischem Akzent vorstellte und seine dunklen Augen dabei heiter zu sprühen begannen, schwand die Strenge aus seiner Ausstrahlung. Singh erzählte, wer er war, und seine Geschichte verließ ihn wie eine Geschichte einen Großvater, nicht wie eine Geschichte einen Lehrer. Wir Schüler mochten Singh gleich.

Zehn Tage schrieben wir durch, erschufen unsere ersten literarischen Figuren, entwickelten Handlungsstränge, redigierten unsere ersten Texte. Singh hielt die Augen geschlossen, während wir ihm vorlasen, was wir zu Papier gebracht hatten. Er wiederholte einzelne Sätze in neuer, ungewohnter Melodie und stellte Wörter zur Diskussion, die wir ganz selbstverständlich der Alltagssprache entnommen hatten. Ich erinnere mich, dass ich später einmal darüber nachdachte, ob Singhs Verhältnis zur deutschen Sprache vielleicht gerade dadurch bewusster, klarsichtiger und reicher war als unseres, weil er durch die Augen einer anderen Muttersprache auf sie blickte. Ging mit der Selbstverständlichkeit Trägheit einher? Kam mit der Fremdheit die Notwendigkeit der bewussten Auseinandersetzung? Singhs Bewusstsein für die Zartgliedrigkeit, die Feinsinnigkeit und den Nuancenreichtum von Sprache beflügelte uns Schüler. Durch ihn lernten wir, Sprache nicht mehr nur zu verwalten, sondern sie erschaffen zu müssen.

Nachdem unsere gemeinschaftlich erarbeitete Erzählung fertiggeschrieben und die Schreibwerkstatt zu einem Ende gekommen war, verkündete Singh, den Text in einen Erzählband von Schülergeschichten mit aufnehmen zu wollen. Der Band erschien unter dem Titel *Über den Horizont hinaus*. 2006 las ich unsere Erzählung auf der Frankfurter Buchmesse vor. Als nach der Lesung ein Bericht in der Lokalpresse erschien, hefteten Mama und Papa ihn stolz an unsere Pinnwand.

Im April vor zwei Jahren, an einem frühlingshaften Abend, saß ich noch vor Sonnenuntergang bei Kaffee und Kuchen im sprießenden Grün des Berliner Tiergartens. Plötzlich kreuzte mein Blick ein mir bekanntes Gesicht. Singh saß nicht weit von mir. Angeregt unterhielt er sich mit einem älteren Mann. Dieser hatte strenge Augenbrauen und trug einen hohen farbigen Turban. Ich erfuhr erst später, dass es sich um den langjährigen indischen Kongressabgeordneten und Parteiführer Jagmeet Singh Brar handelte. Singh selbst trug, genau wie damals, Fischgrät über Weiß. Sein Haar war grauer geworden. Als ich meine Schüchternheit überwand und an den Tisch der beiden herantrat, blickte Singh neugierig auf. Noch ehe ich ein Wort sagen konnte, rief er aus: «Dieses verschmitzte Lächeln kenne ich!»

Singh lud mich ein, mich zu setzen. Ich gesellte mich zu ihnen, bis die Dämmerung hereinbrach. Lange sagte ich selbst kein Wort, hörte aber gespannt zu, als mir Singh seinen Begleiter vorstellte. Die beiden Männer hatten sich während der indischen Studentenrevolten von 1977 kennengelernt, beide hatten infolgedessen als politische Gefangene eingesessen. Voller Hochachtung erzählte Singh von Brars langjährigem Engagement in der sozialliberalen Kongresspartei Indiens. Brar revanchierte sich, indem er Singhs kulturellen und politischen Beitrag zur internationalen Völkerverständigung würdigte. Das Gehörte war neu für mich. Ich kannte Singh als Schriftsteller, von seinem gesellschafts- und kulturpolitischen Engagement hatte ich nichts gewusst. Erst an jenem Abend erfuhr ich, dass Singh sich innerhalb des PEN-Zentrums für inhaftierte Journalisten und Autoren einsetzte und dem vorherigen Außenminister und heutigen Bundespräsidenten Frank-Walter Steinmeier in Kulturfragen freundschaftlich beratend zur Seite stand. «Jetzt kennst du uns», schlossen Singh und Brar ihren Vergangenheitstaumel ab, «aber wir kennen dich noch nicht.»

Ich überlegte einige Sekunden, was darauf zu antworten sei. Seit der Schreibwerkstatt war viel geschehen. Ich erzählte, dass meine politischen Aktivitäten bereits zu Schulzeiten begonnen, sich aber schnell auch ausgeweitet hatten. Dann berichtete ich von meinem Studium der Politikwissenschaft und Philosophie, davon, dass ich am Grundsatzprogramm des christlich-sozialen Flügels der CDU mitgeschrieben hatte, in der Parteizentrale der CDU an der Modernisierung der Partei mitarbeitete, und gerade erst eine Anstellung im Büro von Peter Hintze angetreten hatte, dem 2016 verstorbenen Vizepräsidenten des Deutschen Bundestages.

«Du bist eine Politikerin!», rief Brar erstaunt aus. Ich widersprach zaghaft, war ich doch weder mit einem gewählten Parlamentsmandat noch einem hauptberuflichen Parteiamt ausgestattet. Im gleichen Moment aber rührte sich ein Widerstand gegen meine eigene Zurückhaltung in mir, denn längst schon fühlte ich mich als Politikerin.

Zahlreiche Berufspolitiker hatte ich in den vergangenen Jahren kennengelernt. Unter ihnen waren auch viele, die leidenschaftlich stritten, bei Gegenwind Farbe bekannten und in einer bewundernswerten Geduld allen Menschen ehrlich Gehör schenkten. Doch das, was ich an Idee, Haltung und Einsatz guten Berufspolitikern zuschrieb, bewegte mich noch mehr bei jenen, die all das ohne Mandat und Amt an den Tag legten. Unter ihnen waren auch viele Schüler und Studenten, die nach Unterricht und Vorlesungen Altpapiercontainer nach Karton durchwühlten, um Demonstrationsplakate für die Gleichberechtigung von Minderheiten zu basteln. Frauen und Männer, die sich vor ausländischen Botschaften niederließen, stundenlang bei Eiseskälte ausharrten, um für die Grundrechte weit entfernter, fremder Menschengruppen zu protestieren. Und Alt und Jung, die rührend für die Bedürfnisse der jeweils anderen Gruppe kämpften. Manch ein Bürger mit ganz anderem Beruf fand seine Berufung im Politischen und stieß mehr an, bewegte mehr als so mancher Berufspolitiker. Darum gab es sie: die Politiker, die nicht so hießen. Ohne Mandat. Ohne Amt. Manchmal gar ohne Partei. Und doch waren sie in meinen Augen wichtige Architekten, ja Stützen der Gesellschaft. Wenngleich ich also widersprach, nicht offiziell Politikerin zu sein, fühlte ich mich denen, die Politik und Gesellschaft aktiv mitgestalten wollten, schon lange zugehörig.

Nach jenem Abend wurden Singh und ich Freunde. Es stellte sich heraus, dass seine Berliner Wohnung nur einen Häuserblock von meiner entfernt lag. Eines Abends, da wir zum gemeinsamen Kochen verabredet waren, fragte er mich zwischen dem Häuten von Zwiebeln und dem Zerkleinern von Roter Bete, ob ich von der Idee der sechs Augen gehört hatte. Es sei seine Idee, fügte er hinzu. Ich schüttelte den Kopf. «Wenn zwei Menschen aufeinandertreffen», begann er, während er sich dem Lammfleisch zuwandte, «wie viele Augen sehen dann?» – «Vier», antwortete ich rasch. «Sechs», warf Singh triumphierend zurück. Er ließ vom Fleisch ab und erklärte: «Jeder sieht mit seinen eigenen Augen. Doch die Begegnung schafft auch ein neues, ein drittes und gemeinsames Augenpaar.» Ich nahm das Gesagte zur Kenntnis, verstand es als Banalität und dachte nicht weiter darüber nach.

Wochen später, Singhs und mein Gespräch war mir inzwischen beinahe in Vergessenheit geraten, stieß ich auf ein Interview mit dem damaligen Außenminister Frank-Walter Steinmeier. Darin verwies dieser explizit auf Singh und erhob sein Bild der sechs Augen zum Leitmotiv deutscher Außenpolitik: Es eigne sich als einfaches und eindeutiges Bild für die Herausforderung der politischen und kulturellen Begegnung, einander immer zugleich mit den eigenen Augen, mit den Augen des anderen und aus einer gemeinsamen Perspektive zu betrachten. Singhs Bild der sechs Augen selbst wurde so zu einem Coup der Diplomatie. Es bedeutete, deutsche Außenpolitik weder als Export deutscher Werte, als moralimperialistische Attacke auf die Welt zu verstehen, noch sie zu einem Kammerspiel heuchlerischer Appeasement-Politik zu verzwergen. Deutsche Außenpolitik sollte Begegnung auf Augenhöhe mit dem Ergebnis einer gemeinsam verhandelten Sicht sein. Nicht mehr und nicht weniger.

Nachdem ich jenes Interview gelesen hatte, dachte ich noch einmal über Singhs Bild der sechs Augen nach. Es hatte etwas in mir aufgerührt und war mir auf seltsame Art und Weise bekannt vorgekommen. Schließlich erkannte ich, dass ich selbst bereits zahlreiche Situationen erlebt hatte, in denen ich mich dazu genötigt fühlte, Außenpolitiker sein zu müssen. Mein eigenes Heranwachsen gab Anlass dazu, internationale, interkontinentale und multikulturelle Positionen miteinander verhandeln zu müssen. In meinem Fall waren für diese Begegnungen, Konfrontationen, auch Konflikte jedoch keinerlei diplomatische Vertreter aus der Ferne notwendig. Meine eigene Identitätsbildung erwies sich als Schauplatz genug.

«Warum bist du politisch geworden?», fragte Singh abermals, während wir gemeinsam kochten. Er stellte die Frage am ersten Abend, da wir mit Brar im Grünen saßen, und er stellte sie auch an jenem Abend. Damals wie heute konnte ich keine Antwort geben und hob ahnungslos die Schultern. «Weil dir kulturelle Vielfalt, kulturelle Sensibilität in die Wiege gelegt ist», beantwortete Singh seine eigene Frage, «du hast ein Bewusstsein für Verschiedenheit, ein Bewusstsein für die Ordnung von Verschiedenheit. Was anderes ist Politik?»

Wenn es nach Singh ging, war meine Politisierung bereits an einem verschneiten Februarabend des Jahres 1991 unumkehrbar gewesen. An jenem Abend war ich in einer Frauenklinik im Wuppertaler Gründungsstadtteil Elberfeld auf die Welt gekommen. Der Schnee an diesem Abend war für Mama, die in diesem Winter ein Alter von 23 Jahren zählte und einem Dorf in der Provinz im Süden der Philippinen entstammte, der erste Schnee überhaupt. Papa, acht Jahre älter als sie, gelernter Automechaniker, später Soldat bei der Bundesmarine, zu dieser Zeit Beamtenanwärter, war an kalte Winter gewöhnt. Er war auf dem Land in Oberschlesien als zweitältester Sohn einer Familie mit insgesamt sechs Kindern zur Welt gekommen. Als die Familie als Spätaussiedler in den Westen zog, ließ sie

einen Bauernhof zurück. Nach Monaten in verschiedenen Not-
unterkünften fand die Familie eine neue Heimat in Wuppertal. Papa, im schulpflichtigen Alter, sprach ausschließlich Pol-
nisch.

Die Familie integrierte sich, ohne das Wort Integration
selbst je in den Mund genommen zu haben. Oma pflegte Fried-
hofsgräber, putzte Schultoiletten, erhielt anschließend eine
Anstellung bei der Deutschen Post. Dass die deutschen Frauen
in den großen Städten arbeiteten, rauchten und tranken, war
neu für die katholische Familie vom schlesischen Land. Im
Nachhinein hörte ich zwei Geschichten darüber, warum sich
Oma und Opa zu einem späteren Zeitpunkt scheiden ließen.
Die eine Geschichte begründete die Trennung mit ausschließlich sehr persönlichen unüberbrückbaren Differenzen; die
andere Geschichte beschrieb die kulturelle Konfrontation, die
Schluchten aufriss, die die beiden nicht wieder zu verschließen
vermochten, als ursächlich. Ich will nicht übergehen, dass das
großstädtische Leben in Westdeutschland Einfluss darauf
gehabt haben könnte, dass die von Oma und Opa angelernten
Rollen von Männern und Frauen, Eheleuten und Eltern auf die
Probe gestellt wurden.

Als Papa aufwuchs, war die Familie noch intakt. Opa,
fromm und beflissen, schraubte und drehte in gleich mehreren
Werkstätten. Oft ging er nach einer ersten gleich zur zweiten
Schicht. Wurden Papa und seine Geschwister zu Beginn noch
als «Polacken» beschimpft, sind sie heute mit Beruf und Familien, Haus- und Wohneigentum Zeugen ihrer eigenen Auf-
stiegsgeschichten.

Mama wanderte ein Jahr nach der Wende ein. Ihre philippinische Familie war mit Haus- und Grundbesitz gut situiert, lebte inzwischen in der Millionenmetropole Davao City und war im Schulwesen und innerhalb der Stadtverwaltung beschäftigt; sogar zum Rathaus pflegte sie gute Beziehungen. Als Ingenieur beriet Opa den Fachbereich Infrastruktur.

Noch während ihrer Ausbildung zur Lehrerin lernten sich Mama und Papa kennen. Nach abgelegter Abschlussprüfung kehrte Mama ihrem Herkunftsland den Rücken zu. Papas Verbeamtung und die Lebensumstände in der deutschen Wohlstandsgesellschaft gaben den Ausschlag, dass es Mama sein sollte, die migrierte. Papa, selbst Migrant, wurde so gewissermaßen unfreiwillig mit der Aufgabe betraut, Mamas Integration anzuleiten.

Spätestens hier begann meine persönliche «Stille Post», eine mehrfache informelle Weitergabe von Kultur, die mit Verfälschung, Veränderung und Neuerfindung einherging. Bereits zum Zeitpunkt meiner Geburt war ich mit einer Vielzahl verschiedenster Herkunftseinflüsse konfrontiert. Sie stießen aufeinander, griffen ineinander und vermengten sich. Was mich als Kind und Jugendliche auszeichnete, war bereits in sich hybrid: Es war neu zusammengesetzt aus Einflüssen aus Polen und von den Philippinen, geprägt durch die verschiedenen Integrationserfahrungen meiner Eltern und ganz selbstverständlich angereichert von deutscher Gegenwartskultur, zu welcher auch der deutsche Multikulturalismus zählte.

All das empfand ich von Beginn an als typisch deutsch. Als Kind war mir zunächst unbegreiflich, dass bei anderen Familien zum weihnachtlichen Festessen etwas anderes aufgetischt werden könnte als philippinische Frühlingsrollen, schlesische Würste, Kabeljau und Weihnachtsgans. Ich überlegte, dass es wohl Familien zu geben schien, denen die Kochkunst mehr oder weniger lag, und kam zu der Schlussfolgerung, dass jene, die an Heiligabend lediglich Kartoffelsalat und Würstchen speisten, wohl zu Letzteren gehören mussten.

Singhs Bild der sechs Augen illustrierte wie kein anderes Bild die Hybridität moderner Identitätsbildung. Das Zusammentreffen von Verschiedenheit mündete in gänzlich Neuem statt bloß in Kompromissen zwischen dem bereits Bekannten. Im Zuge unentwegter Globalisierung, interkontinentaler Migrationsbewegungen, grenzüberschreitender Eheschließungen und Familiengründungen und der Konstitution offener Gesellschaften galt, das moderne Identitätsbildung in sich hybrid geworden war. Das Selbstbild von Deutschen wie mir bewegte sich eben nicht mehr nur auf einer linearen Achse zwischen Herkunfts- und Gegenwartskultur. Es schlug eine Entscheidung zwischen dem ersten und dem zweiten Augenpaar aus und bekannte sich zum dritten.

Die auf diesem Grundgedanken basierende hybride Identitätstheorie, die modernen Diskursen der Sozialwissenschaften zu entnehmen ist, bietet einen zutreffenderen Zugang als die bisherigen symbolträchtigen, aber einfältigen Integrationsdebatten zahlreicher westlicher Gesellschaften. Wenn Fremdsprachenverbote auf deutschen Demonstrationen gefordert werden, mangelt es offenbar an Selbstbewusstsein, Sprachvielfalt und Weltbürgertum als typisch deutsch aufzufassen. Auch die Annahme, weitere Staatsbürgerschaften als Symptom der Illoyalität gegenüber der Bundesrepublik Deutschland zu lesen, widerstrebt demselben Gedanken. Herkunfts- und Gegenwartskultur sind keine statischen Gebilde, die Auseinandersetzung mit ihnen beschränkt sich nicht bloß auf ein reines Imitieren und Adaptieren. Moderne Fortentwicklung spricht von offenen und veränderlichen kulturellen Sphären und Spielräumen, innerhalb deren kritisch reflektiert und sich eigenverantwortlich distanziert werden kann.

Als Angela Merkel im Jahr 1992 auf dem «heißen Stuhl» Platz nahm, dem Schauplatz eines Diskussionsformates im Fernsehen, vertrat die damalige Bundesministerin für Frauen und Jugend die These, das zunehmende Zeigen von Gewalt im Fernsehen verrohe die Gesellschaft. Merkel trug vor, dass 85 Prozent der Medienwissenschaftler der Meinung seien, es gäbe einen Zusammenhang zwischen dem Sehen von Gewalt und dem eigenen Handeln. Die 38-Jährige schloss daraus, dass mehr Gewalt im Fernsehen zu mehr Gewalt auf der Straße führe. Der in der Diskussionsrunde anwesende Medienwissenschaftler Jürgen Grimm widersprach Merkel: Gerade die Auseinandersetzung mit Gewalt könne das moralische Empfinden der Menschen bereichern und sie von Gewalt distanzieren. Es gebe Wirkungen, die sich abseits primitiver Imitation und Adaption befänden. Dieser Gedanke liegt auch dem Bild der sechs Augen und der Theorie der Hybridität zugrunde: Identitätsbildung kann so viel mehr sein als verschlossenes Beharren und als widerspruchslose Nachahmung.

Als ich meinen Eltern zum ersten Mal einen Liebespartner

vorstellte, der kein Junge war, war ich trotz der guten und liebevollen Beziehung, die ich zu ihnen hatte, angespannt. Mama und Papa kamen beide aus streng katholischen Milieus. In Mamas Herkunftsland war es ein gängiger Karfreitagsbrauch, dass sich etliche Gläubige selbst kreuzigen ließen. Papas Herkunftsland war auch Jahre nach dem Tod von Papst Johannes Paul II. von dessen moralischer Autorität und Strahlkraft eingenommen. Wurde Mama als Kind eines unchristlichen Satzes überführt, musste sie zur Strafe ein stundenlanges Rosenkranzgebet in qualvoller Position abhalten. Papa, der Mustermessdiener aus dem schlesischen Dorf, hatte in seiner ersten Wohnung einen Altar für das alltägliche Gebet errichtet. Später trat er allerdings aus der Kirchengemeinde aus.

Ich bereitete mich also innerlich auf eine Geste der Abwehr vor, als ich verkündete, zum ersten Mal mit einem Mädchen zusammen zu sein. Doch beide reagierten schlicht unaufgeregt. Zu keinem Zeitpunkt schien es, dass die abwertende Haltung der Kirche in irgendeiner Form auf sie abgefärbt hatte. Das Augenpaar, das mich in Fragen der Sexualmoral prägte, war trotz dessen, dass Mama und Papa streng katholischen Haushalten entstammten, kein streng katholisches. Im Gegenteil war meine gesamte Kindheit und Jugend frei von sämtlichen Sittenvorschriften und Zwangsmoral. Mama und Papa hatten offenbar ein eigenes Augenpaar herausgebildet, das sich bewusst von jenem distanzierte, dem sie selbst unterworfen gewesen waren. Aus Erfahrungen wie diesen, die ich erst Jahre später bewusst reflektierte, war mir ein zutiefst freiheitliches Menschenbild nahegebracht worden. Die Einzigartigkeit jedes

Menschen, seine Autonomie und sein Reflexionsvermögen heben ihn über kollektive Zugehörigkeiten und Prägungen hinaus. Jedem Menschen ist die Möglichkeit geschenkt, Einflüsse kritisch zu verarbeiten, Bisheriges abzulegen oder weiterzuentwickeln und sich aus allen anscheinend vorgegebenen Abhängigkeiten und Rollen herauszuschälen. Jedem Menschen ist die Chance eines dritten Augenpaares geschenkt.

In meiner Kindheit und Jugend übernahm ich Ideale, Riten und Gewohnheiten, die ich in Deutschland kennenlernte, lehnte andere ab, erfand welche neu und vermischte sie mit dem, was bereits in mir war. So entstanden innerfamiliäre Bräuche wie unsere doppelte Weihnachtsbescherung: Wir feierten Weihnachten sowohl mit der Bescherung durch das Christkind an Heiligabend als auch mit dem gefüllten Strumpf, den Santa Claus am Weihnachtsmorgen mitbrachte. Wenn auch genau genommen Letzteres keiner philippinischen Tradition entstammte, sondern der Annäherung der Philippinen an US-amerikanische Konsumkultur geschuldet war.

Was mir laut Singh in die Wiege gelegt war, war mir auf andere Weise auch wieder nicht in die Wiege gelegt: Während Nachbarn, Freunde und Bekannte gewohnte Riten pflegten, musste ich diese erst neu entdecken. In der multikulturellen Gemengelage meiner Familie existierte schlicht keine Tradition bewährter Riten. Ich war darauf angewiesen, sie aktiv erschaffen und neu zusammenstellen zu müssen. Zwar konnte ich mir so die Rosinen rauspicken (wer hätte Weihnachten nicht gerne zwei Bescherungen); in jedem Falle aber war ich angehalten, überhaupt picken zu müssen.

Als zwei Jahre nach meiner Geburt meine kleine Schwester auf die Welt kam, wurde Papas Junggesellenbude in der Wuppertaler Innenstadt zu eng. Mit Sack und Pack zogen wir in eine Doppelhaushälfte an der grünen Stadtgrenze im Wuppertaler Westen. Fortan war die malerische Seite des Bergischen Landes, das rheinische Schiefergebirge, Kulisse meiner Kindheit. Während Papa im Stadtzentrum im Schichtdienst Gefangene betreute, Mama den Garten pflegte und Netti mit ihren Freunden auf der Spielstraße herumtollte, war ich am liebsten in der Natur unterwegs. Auf Obstbäumen errichtete ich meinen Hochsitz, an Bächen baute ich Staudämme, in Höhlen lagerte ich Steinschleuder und Flitzebogen. Ich folgte Papas Schatzkarten durch sumpfiges Waldgebiet, zeichnete mit Mama Reisfelder aus ihrer Heimat und half Oma beim bergisch-schlesischen Apfelkompott. Das Leben rund um unsere Hausnummer war so harmonisch wie harmlos. Vom Kinderfenster aus blickte ich auf bewachsene Erdhänge, wiegende Tannenbäume und den Gartenteich mit Goldfischen. In dieser privaten Idylle schien es, als wäre Politik, zumindest das, was oftmals darunter verstanden wird, entbehrlich bis unerwünscht.

Dieser Eindruck änderte sich schlagartig bei einer Fahrt ins Stadtinnere. Wuppertal war seit jeher ein Schauplatz des Aufbruchs wie Abgesangs. Wo heute die junge bergische Großstadt mit rund 350 000 Einwohnern liegt, die erst 1929 aus der Fusion ihrer ehemals unabhängigen Stadtteile Barmen und Elberfeld gegründet worden war, lag zur Mitte des 19. Jahrhunderts eines der größten Wirtschaftszentren des Deutschen Reiches und gemeinsam mit dem Aachener Raum und Teilen

Sachsens Deutschlands erste Industrieregion. Insbesondere das Flüsschen Wupper entpuppte sich früh als Lebensader aller angrenzenden Flächen, auf den Talwiesen entwickelte sich ein Zentrum der Textilindustrie. Die Wirtschaft wuchs, und Wuppertal – auch das «deutsche Manchester» genannt – erlebte ein erhebliches Bevölkerungswachstum, allem voran durch zugewanderte Arbeiterschaft. In Elberfeld entstand ein bürgerliches Engagement gegen die sozialen Missstände der frühindustrialisierten Zeit. Der Barmer Textilfabrikantensohn Friedrich Engels, der die Probleme aus erster Hand kannte, entwickelte in dieser Atmosphäre mit seinem Weggefährten Karl Marx seine berühmte Gesellschafts- und Wirtschaftstheorie.

Während meiner Kindheit wie auch heute war dieses wirtschaftlich prosperierende Zeitalter längst Geschichte. Seit dem Wegfall zahlreicher Industriebetriebe bemühte sich Wuppertal seit jeher um einen möglichst reibungslosen Strukturwandel. Die mittelständische Industriestruktur, eine lebendige Zivilgesellschaft und strebsame Stadtpolitik waren und sind bis heute engagiert und hilfreich, können aber nicht über einen ausgetrockneten kommunalen Haushalt, ausbleibende Investitionen und eine Vielzahl von Verfalls- und Leerflächen hinwegtäuschen. Der Charme der alten Industriestadt speist sich heute vornehm aus seinem Dasein als Anti-Idylle. Heinrich Böll beschrieb Wuppertal als eine Stadt, «die sich nicht schminkt», und er fügte hinzu: «Das ist wie bei einer Frau, die es sich leisten kann, ungeschminkt zu gehen, wohltuend und enttäuschend zugleich.»

Wenn Papa arbeitete, nutzten Mama, Netti und ich den öffentlichen Nahverkehr für Ausflüge in die Stadt. In Wuppertal gehört das Wahrzeichen der Stadt, die weltweit einzigartige Schwebebahn, ganz selbstverständlich dazu. Schon um 1900 hatte man die Notwendigkeit erkannt, ein zusätzliches Verkehrsmittel in der Talsohle der Städte zu installieren. Die Bahn, die auf einer Strecke von rund 13 Kilometern fortan hoch über der Wupper durch die langgezogene Stadt schwebte, nutzte den Flussverlauf als Trasse und sparte somit Platz. Darin lag einer der wesentlichen Vorzüge dieses Bauprojekts, das Gegner damals als «wahnsinniges Unterfangen» und «sündige Eitelkeit, mit der man Gott versuche», verdammten.

Bereits im Kleinkindalter reiste ich mit dem «stahlharten Drachen durch die Eingeweide der bergischen Doppelstadt», wie es die Dichterin Else Lasker-Schüler formulierte. An meine erste Fahrt erinnere ich mich heute nicht mehr. Doch ich weiß, dass ich bei den folgenden immer darauf drängte, in den letzten Wagen der Bahn einzusteigen, um auch ja am hinteren Panoramafenster Platz nehmen zu können, durch das ich nicht nur über und auf die Stadt, sondern geradewegs in sie hineinsehen konnte. Mochte die Schwebebahn ein wenig lärmender sein und auch eine Herausforderung bei flauem Magen, eines hat sie jedem anderen Verkehrsmittel voraus: Während sich in Bussen der Ausblick auf den stauenden Straßenverkehr beschränkt, sich aus Zügen in Vorbeirasendem verliert und das U-Bahn-Fahren geradewegs in die Schwärze des Untergrunds führt, trägt die Schwebebahn ihre Passagiere mitten hinein ins städtische Leben.

Die nächste Schwebebahnstation von unserem Wohnhaus war der westliche Anfangs- und Endpunkt der Strecke: die Stadtteilhaltestelle Vohwinkel. Unsere Fahrt Richtung Innenstadt führte zuerst über die einstige Flaniermeile der heute verschlafenen Kaiserstraße. Die schwebenden Wagen zogen an ansehnlichen Gründerzeitfassaden und reichlich Jugendstil vorbei. Überbleibsel des altindustriellen Bürgertums spazierten dort mit Hut und Gehstock zur Kaffeetafel. Die schönen Seiten der Kaiserstraße wirkten wie aus der Zeit gefallen mit gepuderten Großmüttern mit Föhnfrisur und Kindern mit Fleischwurstscheiben in der Hand. Doch mit jedem Meter Fahrt mehrten sich die Bilder von schmuddeligem Waschbeton – den hässlichen Seiten großstädtischer Gegenwartsödnis –, und die zermürbten Gesichter entlassener Arbeiterschaft traten ins Sichtfeld. An keiner Stelle gab die Schwebebahnfahrt wohl Intimeres preis als hier über der Kaiserstraße, wo die Bahnwagen nur um gefühlte Haaresbreite an maroden Häuserecken vorbeiratterten. Ich sah in Zimmer hinein, in denen Horden von Kindern auf einem Teppich aus Matratzen schliefen. Hinter Müllcontainern hausten Obdachlose in Unterkünften aus Pappkartons. Vor Küchenfenstern stapelte sich das Leergut bis zur Decke. Tapeten waren eingerissen. Fernsehgeräte liefen unentwegt.

Seit früher Kindheit ging ich auf der Kaiserstraße zum Arzt, und noch bevor ich eins und eins zusammenzählen konnte, merkte ich, dass irgendetwas nicht stimmen konnte, wenn ich im Wartezimmer Kranke überspringen durfte. «Papa ist Beamter. Wir sind privat versichert», erklärte Mama, aber ich konnte das damals nicht einordnen.

War die Kaiserstraße passiert, nahm die Schwebebahn Kurs auf das grüne Zooviertel, wo rund um den Boltenberg, das Sportstadion mit Tribünenoval und die alte Radrennbahn ansehnliche Jugendstilvillen standen. Ich selbst verlief mich nur ein einziges Mal im Zooviertel. Auf der Feier einer Mitschülerin wunderte ich mich über den Privatkühlschrank neben ihrem Jugendbett, und die moderne Malerei ihrer Galeristeneltern erschloss sich mir nicht. Wir kicherten den ganzen Nachmittag, als sich der gutaussehende Gärtner ans Heckenschneiden machte. Ansonsten aber blieben mir das Viertel und seine Lebenswelten fremd. Zu Hause sah ich im Lexikon nach, was Galeristen waren. Das Leben der Obersten und Untersten kannte ich nicht aus eigener Erfahrung; mein Wuppertal brachte sie mir nahe.

Nur einen Augenschlag später gondelte die Schwebebahn ins einstig beneidete Industrie- und Gewerbeviertel ein. Das weitläufige Gelände des Wuppertaler Bayer-Konzerns war nicht zu übersehen. Farbige Rohrleitungen wanden sich in über 31 Kilometer Strecke quer über, unter und durch Gebäude aus Backstein, und inzwischen auch aus Stahl, Aluminium und Glas. Die Chemieproduktion Friedrich Bayers war hier zur Industrie gewachsen, jedoch bereits 1912 zum großen Teil nach Leverkusen abgewandert. Dort arbeiten heute rund 25 000 Mitarbeiter, in Wuppertal blieben nur 3500, davon die Hälfte in einem außerhalb liegenden Forschungszentrum. Auf dem Bayer-Gelände selbst bläst nur noch ein einzelner Schornstein.

Eine Schwebebahnhaltestelle weiter war der Niedergang der Wuppertaler Industrielandschaft noch weitaus augenfälliger. Wo ehemals berühmte Färbereien, Webereien, auch Brauereien gestanden hatten, spross das Unkraut aus zerfallenen Produktionshallen mit eingeschlagenen Fabrikfenstern. Aus der Schwebebahn blickte man auf lange Schlangen vor der Obdachlosenhilfe, wo die Menschen einen Teller Erbsensuppe auf dem kalten Bordstein löffelten. Ein Bild, das sich mir tief eingebrannt hat. Wenn ich später in politischen Diskussionen davon berichtete, dass auch Berufskraftfahrer, die tage-, wenn nicht wochenlang von ihren Familien getrennt waren, heute nicht einmal mehr das Geld für eine warme Mahlzeit in den Raststätten hatten, sondern mit ihrem Gaskocher auf frostigen Parkplätzen hantierten, warf man mir reflexhaft entgegen, sozialpopulistisch zu sein. Sicherlich taugen solche emotional aufgeladenen Bilder nicht unbedingt dazu, einen allgemeingültigen Maßstab für faire und gute Politik zu entwickeln; sie geben jedoch ein eindrückliches Bild von Langzeitarbeitslosigkeit, prekärer Beschäftigung und Altersarmut ab. Oder wie Roger Willemsen einmal sagte: «Dann war die Realität ein Sozialpopulist.»

Passierte die Schwebebahn anschließend das Tor zum Zentrum Elberfelds, wurde das Stadtbild großstädtischer. Die Geschäftshäuser nahmen zu, Bankgebäude, Fast-Food-Ketten und Bundesstraßen deuteten darauf hin, dass Wuppertal tatsächlich Hunderttausende Einwohner beherbergte. Männer und Frauen in Anzug und Kostüm betraten die Schwebebahnwagen. Farbige Straßenkunst prangte auf ehemals verführerisch leeren Betonwänden. Am Wupperufer türmte sich Plastikmüll. In den Hinterhöfen der Schulen rauchten Minderjährige. Migrantische Großfamilien hockten gesellig in den Parks. Damals hielt ich die bunten Zusammenkünfte in öffentlichen Grünanlagen für beneidenswerte Familienfeste, und quengelnd fragte ich Mama, warum wir nicht ebenfalls im Park statt im Garten grillten. Erst später verstand ich, dass viele deshalb in die Parks auswichen, weil sie über keine Privatgärten verfügten. Funktionierende städtische Infrastruktur, die Instandhaltung von Spielplätzen und die Pflege und Nutzungsmöglichkeit von Grünanlagen waren in unmittelbarer Art und Weise mit der Lebensqualität von all denjenigen Menschen verbunden, die sich nicht in ein privilegiertes privates Refugium zurückziehen konnten. Ärgerte ich mich über verkommene öffentliche Plätze, hatte das rein ästhetische Gründe. Für viele andere waren diese Plätze die einzigen Orte, an denen sie sich außerhalb ihrer engen Mietwohnungen zu Hause fühlen konnten.

Als ich später in diesem Viertel für gute Standortpolitik warb, winkten die angesprochenen Migranten ab: Sie seien gar nicht wahlberechtigt.

Später meldete ich mich bei der Wuppertaler Stadtverwaltung und äußerte den Wunsch, eine Patenschaft für einen Spielplatz übernehmen zu wollen. Ich erklärte mich bereit, regelmäßig Spielgeräte zu überprüfen, Laub zu entfernen und im Winter zu streuen. Verantwortliche von Stadtverwaltung und Kinderschutzbund wiesen mir einen Spielplatz zu, für den ich bis heute eine Patenschaft trage. Unglücklicherweise traf es einen Spielplatz in einem gepflegten Villenviertel. Kinder sah ich dort selten. Und bis heute gab es dort nichts zu tun.

Unsere Fahrt mit der Schwebebahn endete gewöhnlich etwa auf der Hälfte der Strecke, im Elberfelder Stadtzentrum. Hier konnte man gut Besorgungen machen. Erst mit zunehmendem Alter fuhr ich weiter nach Barmen. In der Nähe des dort gelegenen Rathauses, auf dem nach dem einstigen aus Wuppertal stammenden Bundespräsidenten benannten Johannes-Rau-Platz, lagen die Räumlichkeiten der CDU Wuppertal, wo ich später häufiger war. Auf dem Weg dorthin fuhr die Schwebebahn vorbei am Schauspielhaus und am Opernhaus, wo die Choreographin Pina Bausch all das auf die Bühne brachte, was Menschen bewegt, keineswegs nur in schönen Bildern wie im klassischen Ballett, sondern starke Bilder der Gewalt schaffend, der Suche nach Halt, morbider Hoffnungslosigkeit und dann auch wieder großer Lebenslust. An Wuppertal konnte man sich reiben, das zeigte auch die Arbeit von Pina Bausch.

Meine ganze Kindheit und Jugend hindurch, bis zum Studium, und auch danach, immer und immer wieder fuhr ich mit der Schwebebahn. Ihre Besonderheit liegt für mich darin, dass sie jeden Fahrgast in die unterschiedlichsten Alltagswelten der Menschen hineinträgt. Die Schwebebahn zwangskonfrontierte. Sie zwangspolitisierte mich. Sie gewährte mir Einblicke, nach denen ich nicht gefragt hatte und vor denen ich manchmal lieber hätte die Augen verschließen wollen. Doch die Schwebebahn nahm mir die Blindheit. Sie nahm mir die Taubheit. Und sie nahm mich in die Pflicht. Ich empfand etwas wie Entgrenzung, fühlte nicht, wo ich anfing und aufhörte und der andere anfing und aufhörte. Diese Symbiotik zwischen mir und dem anderen ließ mich betroffen wie wachsam für die Belange anderer zurück.

Ich entdeckte damals das Politische, so wie ich mich selbst entdeckte: Singhs Bild der drei Augenpaare lässt sich nicht nur auf meine persönliche Identitätsbildung, mein eigenes privates Verhandeln von Werten und Riten anwenden; es ist auch ein Sinnbild dafür, was Politik im Grundsatz bedeutet. Die Konfrontation mit Verschiedenheit brachte mich dazu, das Eigene mit dem Anderen in ein Verhältnis zu setzen und für eine neue Wirklichkeit fairer und gerechter Ordnung aufzustehen.

«Warum bist du politisch geworden?», hatte Singh mich gefragt. Es hat sich bei mir ein Unbehagen eingenistet, während ich von alledem erfuhr, das um mich herum geschah. Es wuchs als ein schleichender, quälender Zweifel, dass meine Welt nicht mehr nur die harmonische und harmlose Welt rund um meine Hausnummer war, und es schlug die Scham durch, an alldem mitverantwortlich und mitschuldig zu sein.

«Es war schön, dich zu sehen», verabschiedete sich Singh an jenem ersten Abend nach zehn Jahren im Berliner Tiergarten schmunzelnd. «Du bist erwachsen geworden.»

An einem Montagmorgen tummelte ich mich mit meinen Mit-schülern dicht an dicht vor den Aushängen der Schule. Aufre-gung und Spannung machte sich breit. Vereinzelt waren bereits Klagen und Jubel ausgebrochen. Es war der Morgen, an dem die Zusammenstellungen der Leistungskurse für die Abiturphase bekanntgegeben wurden. Sämtliche Prüfungsleistungen ab der 12. Klasse waren abiturrelevant, und die Noten innerhalb der Leistungskurse zählten mehr als die anderen. Darum war diese Wahl im schulischen Mikrokosmos eine Welterschütterung: Verbrachte man die letzten zwei Jahre mit seinen Freunden im gleichen Kurs? War man mit einem milden oder einem stren-gen, einem inspirierenden oder ungerechten Lehrer gesegnet oder gestraft? Das Gedränge am Montagmorgen war nicht unbegründet.

Ich hatte Sozialwissenschaften und Deutsch gewählt. Mein Interesse für Politik und Wirtschaft, Soziologie und Geschichte hatte bereits Fahrt aufgenommen. Ich verfolgte das Tagesge-schehen in der Zeitung, stritt mit Mama und Papa am Abendbrottisch über aktuelle Ereignisse und las in den Schulbüchern oft schon ein paar Seiten voraus. Außerdem interessierte ich mich für Kunst und Kultur. Es stand außer Frage, dass Sozialwissenschaften und Deutsch die richtige Wahl für mich gewesen waren.

Als ich mir den Weg zu den Aushängen erkämpft hatte, sich an meinen Seiten Enttäuschung wie Erleichterung Bahn brachen, konnte ich keinen Leistungskurs Sozialwissenschaften entdecken. «Sowi kommt nicht zustande!», rief jemand hinter meinem Rücken. «Alle Sowi-Leute müssen neu wählen!»

War das möglich? Irritiert trat ich zurück, steuerte auf dem Pausenhof befreundete Cliquen an und fragte nach. Der Leistungskurs Deutsch hatte mich gar nicht weiter interessiert, so erschrocken war ich darüber, dass der andere nicht aufgeführt wurde. «Vermutlich gab es zu wenige Anmeldungen», warf ein Freund ein. «Kann nicht sein», entgegnete ich. Eine spontane Umfrage auf dem Schulhof hatte ergeben, dass sich weitaus mehr Schüler angemeldet hatten als für andere Leistungskurse, die ausnahmslos zustande kamen.

Ich hielt das Ganze deshalb für ein Versehen. In der ersten großen Unterrichtspause des nächsten Tages machte ich mich auf den Weg ins Schuldirektorat. Der Direktor empfing mich mit mitleidigem Blick. «Es ist leider wahr, der Kurs kommt nicht zustande», verkündete er. Er selbst sei für das Fach zwar ausgebildet, und er verstehe auch meinen Frust, doch insgesamt seien zu viele der angemeldeten Schüler versetzungsgefährdet. Das Risiko, den Kurs am Ende des nächsten Schuljahres nur noch mit der Hälfte der Schüler fortführen zu müssen, sei für die Schule zu groß. Ich nahm die Begründung äußerlich zwar ruhig zur Kenntnis, doch in meinem Innern regte sich Widerstand. Ich war nicht einverstanden.

Im Laufe des Tages erschien mir die Begründung von Minute zu Minute weniger nachvollziehbar. Während sich meine Mitschüler über ihre Leistungskurse freuten und die Ex-Sowi-Wähler sich bereits für neue Kurse bewarben, wütete es in mir. Was war das für eine Schule, die nicht an ihre Schüler glaubte? Die darauf spekulierte, dass sich ihre Schüler verschlechterten und an der Versetzung scheiterten, obgleich sie doch gerade die Fächer, die sie am meisten interessierten, als Leistungskurse gewählt hatten? Was für ein Misstrauen legte man gerade denjenigen gegenüber an den Tag, die besonders jetzt auf Unterstützung angewiesen waren? Und war das Vorgehen überhaupt legitim? Ich war nicht einverstanden.

Am nächsten Morgen tat ich etwas, das mir im Rückblick wie meine erste Wahlwerbetour vorkommt. Ich wagte mich unter die gefürchteten Raucher, besuchte die Jungs, die auf ihren Motorrollern saßen, mischte mich unter die Gruppe, die Hiphop-Battles austrug, suchte Kontakt über die Theke der Cafeteria zu den Mitschülern, die dort freiwillig aushalfen, und setzte mich zu den Lesenden in die stillen Ecken. Ich sprach alle an, von denen ich wusste, dass sie ebenfalls Sowi gewählt hatten, und nach kleinteiliger Überzeugungsarbeit gelang es mir, eine ansehnliche Zahl der Betroffenen zur Revolution zum Direktorat zu treiben. Wir trugen weder Fackeln noch Heugabeln, doch ich war stolz darauf, viele Mitstreiter gefunden zu haben, die hinter dem Anliegen standen. Es kamen sogar einige zur Unterstützung mit, die mit dem Kurs gar nichts zu tun hatten.

Die Schulleitung wirkte erst verblüfft, dann amüsiert. Als der Protest nichts nützte, schwenkte ich zu Plan B um, der weitaus radikaler war: Mehrere Schüler und ich wechselten kurzerhand zur benachbarten Konkurrenzschule. Dort bekamen wir unseren Leistungskurs Sozialwissenschaften. Später hörte ich, dass die alte Schule von nun an auch wieder einen solchen Kurs bereitstellen wollte.

Nach dem Schulwechsel, davon war ich überzeugt, würde alles besser werden: endlich Leistungskurs Sozialwissenschaften, endlich Politik! Doch nach nur wenigen Wochen fiel mein Resümee einigermaßen ernüchternd aus. Wir lernten zwar, wie politische Systeme funktionieren, aber wir diskutierten keine politischen Inhalte. Wir lasen von der Sozialgesetzgebung unter Reichskanzler Otto von Bismarck, aber ließen Gerhard Schröders Agenda 2010 links liegen. Wir schauten uns den Aufbau der Europäischen Union an, aber stellten deren Architektur nicht in Frage. Statt leidenschaftlich über das Richtig und Falsch von Gesetzgebung zu debattieren, verloren wir uns in meinen Augen in trockenen Zustandsbeschreibungen.

Nach dem Unterricht fing ich meinen Lehrer ab und bat um mehr Raum für Diskussionen. Doch er lächelte nur gelassen. «Das sieht der Lehrplan nicht vor», entgegnete er trocken. Ich nickte, doch in meinem Innern regte sich erneut Widerstand: Ich war nicht einverstanden!

In dieser Zeit wurde mir klar, dass die Welt, in der ich mich politisch engagieren konnte, außerhalb des Schulgebäudes liegen musste. Mir dämmerte, dass Politik kein Reden, sondern ein Machen war, und dass meine Meinungen erst jenseits von Politikklausuren etwas bewirken konnten. Legte der Lehrer meinen Aufsatz zur Seite, war der Wirkungsgrad meiner Argumente an ein Ende gekommen. Wischte ein Schüler die Kreidetafel ab, auf der wir die Ergebnisse einer fiktiven Abstimmung notiert hatten, war es, als hätte unsere Abstimmung nie stattgefunden. Die Schule war kein Raum des Zu-Ende-Diskutierens. Aber sie hatte mich politisiert, und zwar in den Momenten, in denen ich am wenigsten darüber nachdachte: wenn ich nicht einverstanden war.

Zu Beginn der Abiturphase entschied ich, einen Schritt in die Wirklichkeit zu machen. Meine Suche führte mich ins Internet. Dort fand ich den Schlüssel zu Räumen der politischen Auseinandersetzung, wie ich sie bislang vermisst hatte. Anders als einige andere Schulkameraden, besaß ich keinerlei Kontakte in die Politik. Meine Eltern und Großeltern, wie bei Migrantenfamilien typisch, waren in keiner deutschen Partei verwurzelt. Ich kannte niemanden in meinem näheren Umfeld, der an Demonstrationen teilnahm, Spendenveranstaltungen organisierte oder benachteiligten Schülern kostenlos Nachhilfe gab. Mir fehlte ein Ansprechpartner. Doch dafür hatte ich nun das Internet.

Schnell erkannte ich, dass politisch neutrale Foren mich nicht besonders interessierten. Ich wollte kein Mitglied eines Debattierclubs werden, in dem Kopf oder Zahl darüber entschieden, welche Meinung ich vertreten sollte. Denn ich besaß bereits Meinungen, entwickelte allmählich eine politische Haltung und suchte dementsprechend einen Ort, an dem ich meine Überzeugungen auch lautstark vertreten durfte.

Im Internet fand ich Organisationen, die mich auf Augenhöhe ansprachen und zur Mitarbeit einluden. Mich lockten insbesondere jene Gruppen an, die themenspezifisch arbeiteten und schnelles, hierarchiefreies Mitmachen anboten. Es war seit meinem Recherchebeginn keine Woche vergangen, da hatte ich bereits Ausdrucke von Amnesty International in der Tasche und sammelte nach Schulschluss Unterschriften für eine Welt frei von Folterstrafe. Mit der Zeit wurde ich selbstbewusster, und mein Engagement wurde für mich immer selbstverständlicher. Ich druckte in meinem Kinderzimmer Organspendeausweise aus und verteilte diese in der Innenstadt. Ich entwarf Zettel, auf denen ich mehr Sicherheitspersonal in Nachtbussen einforderte, und heftete sie als altmodische Abreißzettel an Ampeln. An einem jeden Abend legte ich mich zufrieden ins Bett. Ich war Aktivist geworden und hatte das Gefühl, etwas zu bewirken – und war es noch so klein.

Wenn es nach den Generationenporträts dieser Tage geht, stellte dieses Engagement einen Ausnahmefall dar. Ich, zwischen 1980 und 1999 geboren, gehöre offiziell der sogenannten Generation Y an, die gemeinhin als politikverdrossen und unpolitisch gilt. Sogar Gleichaltrige charakterisieren meine Generation oft als eine Garde ignoranter Egoisten. In einem Gastbeitrag für den Berliner *Tagesspiegel* fasste ich es so zusammen. Es werde angenommen, unsere Generation sei selbstsüchtig und rücksichtslos, karrieregeil und hedonistisch. Sie würden in Konsumtempeln statt in Gotteshäusern beten, ihren Lebenslauf statt Autos für den guten Zweck polieren und ihr Glas statt ihre Stimme erheben. Gesellschaftlicher Zusammenhalt sei für die Millennials, wie wir auch genannt werden, bloß Utopie. Weil sie weder Krieg noch Hunger kennen, feiern sie sich lieber selbst gesinnungs- und besinnungslos.

Wer so spricht, beruft sich auf Zahlen, etwa niedrige Wahlbeteiligungen oder abnehmende Parteimitgliedschaften. Zahlen lügen nicht, und es ist unbestreitbar, dass sich die Generation der Millennials von den klassischen Formen politischen und gemeinnützigen Engagements abkehrt. Seit 1990 hat sich die Zahl der deutschen Parteimitglieder um über die Hälfte reduziert, von damals 2,4 Millionen Mitgliedern auf heute 1,2 Millionen. Allein im vergangenen Jahr drehten 36 500 Mitglieder den deutschen Parteien ihren Rücken zu, was bedeutete: Die Zahl der Parteimitglieder sank um 3 Prozent innerhalb eines Jahres. Verlor die Regierungspartei CDU allein zum Vorjahr 2015 ganze 2,9 Prozent ihrer Mitglieder, waren es beim Koalitionspartner SPD gar 3,7 Prozent. Auch die kleinen Parteien schrumpften. Die konservative CSU verzeichnete ein Minus von 1,5 Prozent, die FDP führte einen Abgang von 3,2 Prozent an. Von der Linkspartei verabschiedeten sich 2,6 Prozent der Mitglieder, bei den Grünen waren es 1,5 Prozent. Erst in jüngster Vergangenheit, nach AfD, Brexit und Trump, nahmen die Parteieintritte auch bei der jüngeren Generation wieder zu.

Vermutungen, nach denen der bisherige starke Mitgliederverlust primär mit dem Wegsterben älterer Mitglieder zusammenhängt, haben zahlreiche Politikwissenschaftler widerlegt. Bei allen Parteien mit Ausnahme der FDP überstieg die Zahl der Austritte deutlich die Zahl sowohl der Eintritte als auch der Todesfälle. Zum Abwärtstrend bei den Parteimitgliedschaften merkte der Berliner Politikwissenschaftler Oskar Niedermayer an, dass «eine kontinuierlich abnehmende gesellschaftliche Verankerung der Parteien zu beobachten» sei. Und das verwundert nicht: Zieht man die Ergebnisse der letzten Bundestagswahlen 2013 zu Niedermayers Forschungsergebnissen heran, war auch hier zu beobachten, dass die großen Parteien ihren Rückhalt in der Bevölkerung zu verlieren drohen.

Für die junge Generation ist diese Erkenntnis wenig überraschend. Ich selbst war trotz meines Interesses an Politik nicht auf die Idee gekommen, Mitglied einer Partei zu werden. Parteiapparate, so hatte ich gehört, seien langsam und behäbig, elitär und antiquiert und voller fauler Kompromisse. Von dieser resignativen Haltung gegenüber Parteien auf eine generelle Abkehr «meiner» Generation von Politik und dem Politischen zu schließen, hielt ich jedoch für falsch. Denn Partei ist schließlich nicht gleich Politik. Politik ist viel mehr. Es ist das Aufstehen und Anpacken, und ist es nur ein «Ich bin nicht einverstanden» auszusprechen.

Die Millennials sind nicht unpolitisch, aber sie suchen sich Möglichkeiten des Aufbegehrens, die über die traditionellen Formen des Engagements hinausgehen. Sie protestieren in basisdemokratischen Graswurzelbewegungen wie *Occupy* oder *Blockupy* in den Bankenvierteln oder schwenken auf Spontan-

demonstrationen Fahnen und Plakate gegen religiösen Fana-
tismus. Sie stimmen bei Volksbegehren für die Rückkehr zu
bewährten Schulmodellen oder bei Bürgerentscheiden für das
nachhaltige Miteinander von Infrastruktur und Umwelt. Über
Ein-Klick-Petitionen sammeln sie Unterschriften für ein Meer
ohne Plastik und auf Crowdfunding-Plattformen Gelder für
den unabhängigen Journalismus. Mit ihren Social-Media-Kam-
pagnen scheffeln sie Aufmerksamkeit und Spendengelder für
die Medizinforschung, und über Hashtags schaffen sie Sensibilität für Sexismus, Homophobie und Rassismus im Alltag. Auf
Benefizkonzerten musizieren sie für die Opfer von Flutkata-
strophen, sozial benachteiligten Schülern geben sie kostenlos
Nachhilfe, und Flüchtlingsfamilien begleiten sie bei Behörden-
gängen. Sie teilen Lebensmittel gegen die Verschwendung und
Autos gegen die Luftverschmutzung. Beim *Guerilla Gardening*
säen sie Pflanzensamen auf öffentlichen Grünflächen und
plädieren für Nachhaltigkeit und Selbstversorgung. Als *Critical
Mass* radeln sie durch laute Innenstädte und werben für den
unmotorisierten Individualverkehr. Kaffeebohnen, Hühner-
eier und Wollpullover dürfen ruhig etwas mehr kosten, wenn
die Arbeitsbedingungen dafür akzeptabel sind, und soziale
Start-ups unterstützen sie schon vor deren offiziellem Unter-
nehmensstart. Sie bloggen über das, was sie bewegt, reflek-
tieren öffentliche Debatten und setzen neue Impulse, und das
alles ohne Volontariat. Die Millennials machen und machen
und machen.

Die junge Generation engagiert sich mehr, vielgestaltiger
und konsequenter als je zuvor. Sie verändert die Welt fern

ungelenker Staatsapparate. Sie lebt Empörung, weil Empörung Anfang allen Wandels ist. Ihr Engagement verstaubt nicht als Mitgliederausweis in der Schublade oder als Parteiorden an der Weste, es ist mehr als nur alle vier Jahre eine Stimme zu delegieren. Es manifestiert sich in jeder Alltagsentscheidung. Die junge Generation ist kreativ und konstruktiv, und sie sprüht nur so vor Tatendrang und Schaffenslust. Sie ist für mich wie keine andere die Generation Bürgergesellschaft.

Das belegt auch aktuelle Forschung. Deutschlands wichtigste Jugendstudie, die Shell Jugendstudie, dokumentiert, dass immer mehr deutsche Jugendliche politisches Interesse zeigen. Im Vergleich zu 30 Prozent im Jahr 2002 bezeichneten sich 2015 rund 41 Prozent der Jugendlichen als «politisch interessiert». Doch davon profitieren nicht die etablierten Parteien, sondern die Sphären und Räume des politischen Aktivismus. Fast sechs von zehn Jugendlichen hatten sich laut der Studie schon einmal an einer oder mehreren politischen Aktivitäten beteiligt. An der Spitze standen dabei der Boykott von Waren aus politischen Gründen und das Unterzeichnen von Petitionen. Online-Petitionen waren beliebter als Unterschriftenlisten. Jeder Vierte hatte bereits an einer Demonstration teilgenommen, und rund zehn Prozent engagierten sich in einer Bürgerinitiative.

Politischer Aktivismus, wie meine Generation ihn auslebt, ist hierarchiefrei und teilweise anarchisch, er ist digital und mobilisierend, themenspezifisch und projektorientiert, kampagnenhaft und impulsgebend. Er ist flexibel und kompromisslos. Er ist niedrigschwellig und performativ. Er bietet all das, was den klassischen Formen der Politik fehlt. Die Streitschrift *Empört euch!* des ehemaligen französischen Widerstandskämpfers und UN-Diplomaten Stéphane Hessel ist zur Bibel politischer Aktivisten geworden.

Die Attraktivität aktivistischen Engagements zeigt sich nicht zuletzt auch an der immensen Teilnahmebereitschaft junger Menschen an diversen Protestveranstaltungen in jüngster Zeit. Sei es bei den Demonstrationen nach der Wahl von Donald Trump zum US-Präsidenten vor dem Trump Tower, nach dem Brexit-Votum der Engländer in der Londoner Innenstadt, beim *Women's March* für Frauen- und Menschenrechte in Washington, D.C., oder bei den proeuropäischen *Pulse of Europe*-Veranstaltungen in ganz Deutschland.

Jahre nach dem Beginn meiner Aktivistenlaufbahn, ich war inzwischen Studentin in Göttingen, besuchte ich meine allererste Vorlesung in einem alten getäfelten Hörsaal. Die Stuhlreihen waren bis auf den letzten Rang gefüllt. Vor dem gelben Ziegelgebäude türmte sich das Herbstlaub. «Einführung in die Geschichte der Philosophie», kritzelte ich liebevoll auf die erste Seite meines Schreibblocks. Als der Professor eintrat, komplett schwarz gekleidet, mir Rollkragenpullover, Hornbrille und zerzaustem Haar, hielt der gesamte Saal ehrfürchtig inne. «Was ist Philosophie?», fragte er nicht ohne Pathos und blickte erwartungsvoll in unsere ausdruckslosen, überforderten Gesichter. «Was ist Philosophie?», wiederholte er bestimmt. Zaghaft gingen nun die ersten Hände hoch.

«Ein Zerteilen von Wirklichkeit?», antwortete einer. Der

Professor nahm den Nächsten dran. «Ein Nachdenken über das Leben?» Der Professor schüttelte den Kopf. Auch ich überlegte. Philosophie, da hatten die anderen doch recht, schien mir ein langwieriger und genauer Prozess zu sein. Es war etwas, das mit Analyse und Analytik zu tun hatte – ja, da war ich mit dem Vorredner einer Meinung: mit einem Zerteilen von Wirklichkeit.

Ehe eine weitere Antwort vorgetragen wurde, rief der Professor nun mit lauter Stimme: «Staunen!» Er wiederholte es noch einmal: «Staunen!» Wir starrten ihn irritiert an. Staunen? Ich stutzte. Staunen war doch ein simpler Impuls, eine unüberlegte Regung, das hatte doch nichts mit dem zu tun, was ich mit dem Philosophieren verband. «Das Staunen ist die Einstellung eines Mannes, der die Weisheit wahrhaft liebt, ja es gibt keinen anderen Anfang der Philosophie als diesen», zitierte der Professor nun Platon. «Auch Aristoteles sieht im Staunen den Anfang von Philosophie: Dem Staunen wohnt ein Affekt der Verwunderung inne. Dieser Affekt erzeugt eine innere Bewegung und Anspannung, die in einer aktiven eigenständigen Auseinandersetzung mit der Welt mündet. Staunen regt die Neugierde an. Staunen legt offen: Etwas Unverstandenes will verstanden werden», führte der Professor nun aus.

Für mich war diese Vorlesung ein Augenöffner, ich begriff: Staunen ist die Grundbedingung für ehrliche Betrachtung. Erst wer Wirklichkeit unverfälscht annimmt, wird in die Lage versetzt, sich kritisch mit ihr auseinandersetzen zu können. Nur was als Gegenstand erkannt wird und als Phänomen Verwunderung auslöst, kann hinterfragt und eingeordnet werden.

Heute denke ich in gleicher Weise über Politik nach: Sie beginnt für mich mit Empörung, mit einem Affekt, aber Politik insgesamt ist immer mehr als bloße Erregung. Politik hingegen ist Verantwortung, die Affekte überdauern muss.

Einmal mehr begriff ich in jener ersten Vorlesung, wie luxuriös mein bisheriges Politikengagement gewesen war: Ich haftete für keine Entscheidung, ich ließ unangenehme Themen, mit denen keine Blumentöpfe zu gewinnen waren und die mir weder Neugierde noch Aufregung abverlangten, links liegen. Für Bordsteinerhebungen, unter denen Rollstuhlfahrer litten, für starre Kinderbetreuungszeiten, die Alleinerziehende vor berufliche Herausforderungen stellte, für Gefangene, die sich nach abgesessenem Gefängnisaufenthalt um eine Resozialisierung bemühten, für alle diese Themen reichte mein Interesse nicht. Irgendwann suchte mich deshalb ein schlechtes Gewissen heim. Echte Politik, verantwortungsvolle Politik war dann eben doch mehr als die Rosinenpickerei, die mir genehm war.

Noch zu Schulzeiten beschloss ich, mehr sein zu wollen als nur Aktivist. Ich fand es zwar toll, wie lebendig meine Generation die Zivilgesellschaft lebte, schätzte ihren hohen Organisationsgrad und die Ernsthaftigkeit, mit der so viele Politik ganz selbstverständlich im Alltag leben. Doch immer mehr kam ich zu der Einsicht, dass unser parlamentarisches System schlicht und ergreifend nicht ohne ihre Hauptakteure funktioniert: die Parteien.

Schließlich sind es am Ende die Parteien, die unser Gemeinwohl in Gesetzesform gießen. Es liegt in ihrer Macht, Abkommen zum Datenschutz zu schließen, Flüchtlingspolitik zu gestalten, in Bildung zu investieren und den Klimawandel aufzuhalten. Es sind die Parteien, die die Impulse und Ideen der Bürgergesellschaft aufgreifen können, es aber nicht zwingend tun müssen. Das Parteienparlament ist dazu imstande, das Leben jedes Bürgers auch gegen dessen persönlichen Willen zu bereichern oder zu beschneiden. Fällt dieses politische Wirken für den einen oder anderen unbefriedigend aus, hat das formal keinerlei Konsequenzen; der Wirkungsgrad der parlamentarischen Politik bleibt derselbe. Und das ist die Crux.

Erhebungen vor dem Referendum in Großbritannien als auch Befragungen nach der Abstimmung zeigen, dass die Jüngeren am Ausgang der Wahl mitschuldig waren. Nachwahlbefragungen des Umfrageinstituts von Lord Ashcroft legten dar, dass von den bis 45 Jahre alten Wahlberechtigten nur rund 35 Prozent zur Urne gegangen waren. Hatte erst die EU-skeptische ältere Generation als Sündenbock herhalten müssen, waren nun die Jüngeren mitschuldig. All das fügte sich zu dem Bild einer erlahmten, trägen Jugend, die sich zwar stets lauthals erregte, aber die Regeln der Demokratie nicht zu verstehen schien.

So liegt es einerseits an den Jungen, die Parteien nicht abzuschreiben, sondern sich innerhalb ihrer Strukturen für den politischen Kurs einzusetzen, den sie für richtig halten. Aber genauso liegt es auch im Verantwortungsbereich der Parteien, Modernisierung innerhalb der eigenen Strukturen zuzulassen und die Rahmenbedingungen zu schaffen, auf die Parteimitglieder von heute angewiesen sind. Dazu gehört, niedrigschwellig und hierarchiefrei, themenspezifisch und projektorientiert mitarbeiten zu können; eine Kultur ohne Anwesenheitszwang, dafür mit digitalen Mitteln.

In meinem bisherigen politischen Leben hatte ich zwei Lehrer, Mentoren, auch besondere Freunde. Den einen, Peter Hintze, lernte ich am Wahlkampfstand in Wuppertal kennen. Dem anderen, Rupert Neudeck, begegnete ich in einem Kirchenschiff in Köln. Beide verstarben im letzten Jahr; Peter Hintze im Alter von 66 Jahren nach langer Krebserkrankung, Rupert Neudeck im Alter von 77 Jahren nach einer Operation am Herzen. In ihrem offenen und aufrechten Wesen, ihrem ernsten und unermüdlichen Kampf für Freiheit und Gerechtigkeit waren sie sich ähnlich; ihre Wege waren jedoch grundverschieden.

Hintze war ein Bilderbuchdemokrat, ein Stratege und Taktiker, der es verstand, innerhalb des parlamentarischen Systems Dinge voranzubringen. Angela Merkel ins Amt der Bundeskanzlerin zu begleiten, ihr den Weg zu ebnen, wie viele sagen, sollte sein größter Coup sein. Der einstige Pfarrer, der von Nächstenliebe sprach und dessen Menschenfreundlichkeit im alltäglichen Miteinander an keine natürliche Grenze stieß, stieß im parlamentarischen Betrieb andauernd an Grenzen. Sein Einsatz insbesondere in ethischen Debatten, die sich um die rechtlichen Rahmenbedingungen von Lebensbeginn und Lebensende rankten, war nicht immer mehrheitsfähig. Seine Partei, die CDU, und der gesamte Bundestag stimmten immer jeweils mehrheitlich für einen weniger liberalen Gesetzesentwurf als jenen, den Hintze selbst vortrug. Hintze aber nahm jene Grenzen des Politikbetriebs als Herausforderung an. Es war sein größtes Verdienst, seine eigene Stimme nicht zur Institution zu erheben, sondern sich in systembedingter Begrenztheit zu akzeptieren. Er war und ist der größte Politiker, den ich bis heute kennengelernt habe.

Neudeck war ein anderer Typ. Sein letztes Buch hieß *Radikal leben*. Auf dem Klappentext wurde Neudecks Anliegen deutlich. Es ging ihm in seinem Leben darum, das Gleichnis vom barmherzigen Samariter in die Neuzeit zu tragen. Denn wer tat etwas, während das Parlament zu sehr mit sich selbst beschäftigt war und Tausende, Zehntausende Flüchtlinge ertranken? «Ich möchte nie mehr feige sein», hatte Neudeck gesagt und ging in die Geschichte ein, als er im Jahr 1979 über 10 000 vietnamesische Flüchtlinge aus dem Südchinesischen Meer rettete. Gemeinsam mit seiner Frau Christel und dem Schriftsteller Heinrich Böll gründete er das Komitee «Ein Schiff für Vietnam». 1982 wurde daraus die Hilfsorganisation Cap Anamur. Es folgten zahlreiche weitere Hilfseinsätze. «Die Gelder, das Schiff, die Hilfskräfte, die Genehmigungen, das organisierten wir alles von hier, mit Telefon und Faxgerät», hatte Christel Neudeck mir einmal erzählt, als ich bei einer Tasse Tee bei ihnen im Wohnzimmer saß.

«Warum bist du nie Mitglied einer Partei geworden?», fragte ich Rupert Neudeck bei diesem Treffen. «Es muss solche und solche geben», antwortete er ruhig.

Heute sind beide tot. Das ist traurig, und ob ihres bis zuletzt anhaltenden Lebensmutes und ihrer Schaffenslust ist es umso bitterer. Seit ich sowohl Hintze als auch Neudeck kennengelernt hatte, verging nicht ein Tag, an dem ich nicht politisch gewesen bin. Beide brachten mir bei, dass jede Form des politischen Engagements ihre eigenen Funktionen und Aufgaben besitzt. Das Radikale und Kompromisslose des Aktivistischen kann als Korrektiv und Weckruf dienen, sensibilisieren und vorantreiben. Es kann Motor und Antrieb sein und in wertvoller Pionierarbeit münden. Manchmal aber ist das Aktivistische nicht mehr als belanglose Interessenvertretung, destruktiver Protest und skandalisierendes Wutbürgertum ohne alternative Perspektiven; dann ist es pure Erregungskultur, aus der kein nachhaltiges Engagement und keine kompromissbereite Lösungssuche folgt. Das Parteipolitische hingegen war und ist niemals Speerspitze gesellschaftlichen Aufbruchs. Es ist gemäßigt und darauf ausgelegt, stets einen Konsens zu erzielen. Ihm obliegt die mühevolle Aufgabe, jeden Bürger des Landes, jede Stimme und jede Meinung gleichsam zu gewichten. Auch wenn manche inhaltlichen Trends noch so hörbar sind, darf sich der Parteipolitiker nicht über das hinwegsetzen, zu was ihn sein Mandat verpflichtet: die Interessenvertretung der Wählergemeinschaft, auch der leisen.

Parteien betreiben nach urdemokratischen Prinzipien legitimierte und sämtliche Interessen austarierende Parlamentsarbeit. Der Parteipolitiker schleppt sich von Ortsveranstaltung zu Ortsveranstaltung, erklärt Politik, informiert und diskutiert aus. Am Ende kommt es nicht selten vor, dass er es vielleicht besser weiß, aber dazu verpflichtet ist, jene zu vertreten, die ihn mit einem Mandat ausgestattet haben. Doch auch als Parteipolitiker ist es möglich, persönliche Haltung zu zeigen und Themenimpulse zu setzen. Parteiengagement bedeutet eben nicht zwingend, sich von einer jeden Parteiposition vereinnahmen zu lassen und nach außen Inhalte zu verkaufen, die einem fernliegen. Es bedeutet, seine persönliche Stimme innerparteilich geltend zu machen, Parteiflügel zu unterstützen und Mehrheiten zu organisieren.

«Die Partei, die eine Programmatik vertritt, mit der du zu hundert Prozent übereinstimmst – diese Partei besäße ein einziges Mitglied: nämlich dich», sagte mir einmal Bundesinnenminister Thomas de Maizière, nachdem wir uns am Rande einer Parteiveranstaltung über die Uninteressiertheit der Jugend an Parteimitgliedschaften unterhielten. De Maizières Ausspruch hieß umgekehrt auch: Mit 82 Millionen Parteien ist keine Politik zu machen. Kompromissfähigkeit ist eine Tugend, nicht ein Fehler des Demokraten.

Ich hatte mich sehr intensiv mit der Frage beschäftigt, was Parteimitgliedschaft für mich bedeutete. Im Gegensatz zu den meisten, mit denen ich sprach, hieß sie für mich nicht, widerspruchsloser Werbeträger für alle jene Positionen zu sein, die man individuell nicht teilte. Ich sah in Parteimitgliedschaft Chance und Herausforderung, mich selbst mit meinen eigenen Überzeugungen und Argumenten geltend zu machen. In der innerparteilichen Geltendmachung steckte das Engagement, dafür gingen die Stunden um Stunden in innerparteilichen Gremien drauf, nicht etwa dafür, alle paar Jahre aktiv und inszeniert auf Stimmenfang gehen zu müssen. Die Zwischenzeit war mir die wichtigere Zeit: Es war die Zeit, in der Parteimitglieder dazu beitragen durften, dass das demokratische Wahlangebot, Ideen, die Streit erst verdienen sollten, geschrieben wurden.

Ich trat nicht als blinder Fanclub bei; ich trat als in Grundwerten loyaler Verbündeter bei, der wachsam, kritisch und konstruktiv sein wollte.

Noch bevor ich Abitur machte, stand fest: Ich wollte beides. Ich wollte Aktivist bleiben und Parteimitglied werden.

KOMMT 'NE FRAU ZUR CDU.

Aufstand im Hinterzimmer

Ich war drin. In diesem Moment würde eine computergesteuerte Stimme in der Parteizentrale der CDU ertönen und meinen eingetroffenen Mitgliedsantrag bestätigen. Die Parteivorsitzende Angela Merkel persönlich würde den ordnungsgemäß ausgefüllten Mitgliedsantrag entgegennehmen und sich inständig darüber freuen, dass sich ein junger Mensch noch für Politik und erst recht für ihre Partei interessierte. Sie würde zum Füllfederhalter greifen, mir einen rührenden Willkommensbrief schreiben und mir ihren Dank ausdrücken. So weit meine Vorstellung. Die Wirklichkeit sah anders aus.

Die Entscheidung für die CDU war mir weder besonders leicht- noch besonders schwergefallen. Ich stand zunächst sämtlichen politischen Parteien offen gegenüber. Von Haus aus war ich nicht in eine bestimmte Richtung beeinflusst worden. Doch früh bemerkte ich, Vorbehalte gegenüber linker Politik zu besitzen. Zwar sympathisierte ich mit dem Bild des Wohltäters, des Anwalts der Armen und Vertreters der Arbeiterklasse, doch ich haderte mit der Realisierbarkeit der Versprechungen von SPD, Grüne und Linkspartei. Das Gerede von sozialer Gerechtigkeit und einer ausschweifenden Verteilungspolitik setzte für mich voraus, zunächst einmal etwas einzunehmen, das anschließend verteilt werden konnte. Und an genau dieser Einnahmenpolitik linker Parteien besaß ich Zweifel. In Zeitungen verfolgte ich, wie Parteien links der CDU Investitionshemmnisse schufen statt sie abzubauen, Infrastrukturprojekte aus nichtigen Gründen blockierten und eine moralistische Symbolpolitik gegen das Feindbild des bösen Marktes und des noch böseren Marktteilnehmers errichteten. Zugleich aber war ich mir der Gefahr kapitalistischer Entfesselungen bewusst, die meine Parteienauswahl gleichsam eingrenzte. Wie Marktwirtschaft funktioniert, was Börsengeschäfte sind, warum man investiert – das kleine Einmaleins der Wirtschaft hatte mir mein Vater beigebracht, noch ehe ich das Thema im Schulunterricht behandelte. Ich war begeistert von den freiheitlichen Mechanismen der Marktwirtschaft, die dem freien Menschen am ehesten gerecht wird, weil sie ihm Beweglichkeit und persönliche Präferenzen zugesteht. Nur Freiheit lässt gesellschaftliche Veränderung in Richtung geprüften Fortschritts und Innovation zu. Zugleich aber besaß ich keinen Sinn für abstruse Geldgeschäfte, die von realer Wirtschaft abgekoppelt waren. Darum bekannte ich mich zum Modell der Sozialen Marktwirtschaft, die Marktwirtschaft mit politisch gesetzten Rahmenbedingungen darstellte.

Das Nachdenken über Wohlstand und Verteilung, Freiheit und Gerechtigkeit führte mich zu den wirtschaftsliberalen Parteien. Doch auch wenn ich das allgemeine Freiheitsbekenntnis der FDP als verführerisch empfand, widerstrebte mir die absolute Huldigung von Arbeitgeberinteressen. Aus Gesprächen mit Freidemokraten nahm ich oftmals mit, wie sie Marktwirtschaft als natürlich wahrnahmen und ihre Ausgestaltung gar nicht weiter in Frage stellten. Für mich war Marktwirtschaft per se nicht genug. Ohne Rahmen und Formen der Regulierung konnte sie eine gefährliche Eigendynamik entwickeln. Ich erinnerte mich an all das postindustrielle Elend, das mir die Schwebebahn nahegebracht hatte, und sah ein, dass Marktwirtschaft keinem Selbstzweck diente. Sie ist als Instrumentarium zu verstehen, das dem Menschen und seinen Bedürfnissen unterzuordnen ist. «Die Anwälte der Marktwirtschaft, sofern sie geistig einigermaßen anspruchsvoll sind, waren sich immer im Klaren darüber, dass der Bereich des Marktes, des Wettbewerbs und der von Angebot und Nachfrage bewegten Preise nur als Teil einer höheren und weiteren Gesamtordnung verstanden und verteidigt werden kann, wo es sich um Moral, Recht, natürliche Bedingungen der Existenz und des Glücks, Staat, Politik und Macht handelt. Die Gesellschaft als Ganzes kann nicht auf dem Gesetz von Angebot und Nachfrage aufgebaut werden, der Staat ist mehr als eine Aktiengesellschaft», schrieb Wilhelm Röpke, einer der Gründerväter der Sozialen Marktwirtschaft.

Jede Marktwirtschaft verlangt nach einem autonomen Staat, der sie begrenzt und ihre Regeln entwirft. So wie der Staat gegen Monopole und Kartelle vorgeht, muss er auch die Dominanz entkoppelter Finanzindustrie aufheben, um die eigene Handlungshoheit wiederherzustellen, und das Ziel des

Gemeinwohls an die Spitze allen Wirtschaftens setzen. Dem Staat muss es gelingen, sich der Entfesselung der Märkte zu entziehen. Er muss Märkte gestalten können und darf nicht von ihnen befehligt werden.

Bei meiner Suche nach der richtigen Partei überprüfte ich nach Stiftung-Warentest-Manier jede einzelne Partei nach ihren Übereinstimmungen mit meinen Überzeugungen. Ich legte mehr Wert auf die Herleitungen von Programmatik als auf die Programmatik selbst. Das Menschen- und Gesellschaftsbild, die Grundwerte, Leitideen und Prinzipien einer Partei gewichtete ich stärker als ihr reines aktuelles Wahlprogramm, das für mich bloß einen kontextgebundenen Ausschnitt darstellte. War mir beispielsweise der Umweltschutz wichtig, musste ich nicht automatisch Rechtsnationalen folgen, die sich ebenfalls um die Gesundheit der deutschen Eiche sorgten.

Aus diesem Grund spürte ich schnell eine immense Distanz zum linken politischen Gedankentum. Mir missfielen die Illiberalität, der Regulierungswahn, die konformistische Haltung der politischen Linken. Dass die individuelle Lebensführung, von der Wahl der Erziehungsstätte oder des bedarfs- und leistungsgerechten Schulsystems über das Recht auf Rauchen in Gaststätten bis hin zum Recht auf ein selbstbestimmtes menschenwürdiges Sterben, immerzu staatlicher Beurteilung ausgesetzt sein sollte, empfand ich als unfreiheitlich. Linke Rhetorik sprach immerzu von Schutzbefohlenen, von mir als Frau und Migrant, nicht aber von mir als potenziellem Leistungsträger. In linken Schriften überwogen Gefühle von Furcht und Minderwertigkeit und der Sehnsucht nach einem, der einem vor aller Differenz und vermeintlicher Wertigkeit bewahren sollte. Doch was spätestens in der Praxis scheitern sollte, gesehen an aller Art sozialistischer Politiksysteme, empfand ich bereits in der Theorie als befremdlich. Ich bejahte einen zurückhaltenden Staat, der sich nicht anmaß, Gesellschaft und Kultur zu überblicken, zu verstehen und maßzuregeln, sondern sie zu achten, indem er sie gewähren ließ. Ich fand mich in Rhetorik wieder, die zu Lust an Befähigung aufrief, die auf individuelle Entfaltung als Garant für Leistung, Innovation und Fortschritt setzte und Menschen Mut und Selbstvertrauen zusprach. Ich fand mich im Christdemokratischen wieder, im bunten Strauß des Christlich-Sozialen, des Liberalen und des Konservativen.

Die CDU als historisch bedeutende Regierungspartei Deutschlands ist wesentlich mitverantwortlich für den Aufbau Deutschlands, in dem ich heute leben darf. Sie hat die Sozialgesetzgebung verankert, die Integration der Europäischen Union vorangetrieben und – auch zum Symbol – das erste Integrationsministerium der Bundesrepublik gegründet. Die CDU vollzog die Energiewende unter Berücksichtigung volkswirtschaftlicher Bedingungen, steht bis heute für eine generationengerechte Haushalts- und Konsolidierungspolitik und geht den Weg einer globalisierungsbewussten Flüchtlingspolitik. Ihre Identitätspolitik war immerzu sentimentsbefreit. Merkel gelang ein innerparteilicher Aufstieg, ohne ihr Frausein ausstellen zu müssen. Auch der verstorbene ehemalige Außenminister Guido Westerwelle, schwul, der ehemalige Vizekanzler Philipp Rösler, vietnamesischstämmig, und Finanzminister

Wolfgang Schäuble, im Rollstuhl, waren niemals auf die Ausstellung ihrer Merkmale angewiesen. Liberale Politik, bei CDU und FDP, verzichtete auf Pathos und emotionale Geladenheit. In diesen Leitgedanken richtete ich mich zunehmend ein.

Schlussendlich empfand ich geradewegs den Meinungspluralismus innerhalb der Union beglückend. Ich fühlte mich nicht wohl als immerzu abnickendes Parteimitglied, sondern fühlte mich erst dann wirklich engagiert, war mir möglich, in vielfältigen Diskursen Gesicht zu zeigen. Das lebendige Streiten und Ringen der innerparteilichen Flügel der CDU, auch unter Berücksichtigung dessen, dass in ihr als Volkspartei sämtliche soziale Schichten und Milieus der Gesamtgesellschaft vertreten waren, band mich früh an die Partei.

Als ich meinen Eltern an einem Abend von meinem Ergebnis erzählte, reagierten sie verhalten. Mama hielt sich gänzlich heraus, Papa haderte mit meiner Entscheidung. Als Migranten mit klassischer «Arbeiterdenke» identifizierten sich beide mit einer Politik sozialdemokratischer Prägung. Nach Schröders Agenda schwenkte Papa gar zur Linkspartei um, später wählte er die Piraten. «Zur CDU?», fragte er entgeistert. Er fügte sarkastisch hinzu: «Na dann viel Spaß dabei.»

Auch in der Schule wurde ich von den meisten Mitschülern, denen ich von meinem Entschluss erzählte, skeptisch beäugt. Was ich damals nicht wusste, war, dass mehrere von ihnen bei der Grünen Jugend engagiert waren. Ich ließ mir von diesen Reaktionen jedenfalls nicht die Laune verderben. In vielen Diskussionen schien durch, dass meine Überzeugungen und

Argumentationen zu einem bürgerlich-liberalen Lager passten. Ich war mir sicher, mit meiner Entscheidung richtigzuliegen.

Als ich mein Beitrittsformular an die CDU abgeschickt hatte, erwartete ich eine rasche Rückmeldung. Jeden Tag, wenn ich von der Schule nach Hause kam, lief ich aufgeregt zum Briefkasten und hoffte, endlich meinen Merkel-Brief aus dem Briefkasten zu fischen. Doch der Brief kam nicht, und mit jedem weiteren Tag verflog auch meine Euphorie. Nach mehreren Wochen hatte ich beinahe vergessen, der CDU überhaupt beigetreten zu sein. Meine Vorstellung, amazonähnlich schon ein paar Tage später mein Produkt, den Mitgliedsausweis, im Briefkasten zu finden und loslegen zu können, wurde nicht erfüllt. Ich wartete und wartete und wartete, aber nichts rührte sich.

Schließlich erreichte mich dann doch noch ein Brief der CDU. Mama legte ihn mir in die Hände wie einen Schatz. Und auf einmal war sie wieder da, die ganze Euphorie, von nun an ein Teil von Merkels Team zu sein. Ich öffnete den Brief vorsichtig. Doch statt Briefpapier mit Merkels Handschrift fielen mir lediglich Überweisungsscheine in die Hände. Der Willkommensbrief entpuppte sich als Zahlungsaufforderung des jährlichen Mitgliederbeitrags.

Diese Geste ließ meinen Enthusiasmus drastisch abebben. In dem Schreiben hieß es, der Ansprechpartner vor Ort würde sich «bald» bei mir melden. Wieder war damit der Start meines parteipolitischen Engagements auf unbestimmte Zeit vertagt. Nachdem ich in den folgenden Wochen wieder nichts hörte, entschied ich, auf eigene Faust aktiv zu werden. Ich las mir den Internetauftritt meiner Kreispartei durch, doch ich stieß ausschließlich auf veraltete Veranstaltungsberichte und fand keinerlei Informationen zu kommenden Terminen. Also rang ich mich zum Anruf im Geschäftsbüro durch. Doch statt mich herzlich willkommen zu heißen, würgte man mich grummelnd ab. Was ich denn wolle, erkundigte man sich in einem Ton, der mich sofort einschüchterte. Ich war damals nicht einmal volljährig, eher scheu und dementsprechend erschrocken. Das Gespräch endete ohne brauchbare Informationen für mich.

Bei meinen Internetrecherchen stieß ich schließlich auf einen Termin im Wuppertaler Rathaus. Die angekündigte Fraktionssitzung sollte eine gute Gelegenheit sein, mich vorzustellen, dachte ich. Als ich durch die schweren Türen des alten Rathauses und über die steinernen Treppenstufen zum Sitzungssaal schritt, wurde ich immer aufgeregter. Ich legte mir im Kopf bereits eine kleine Begrüßungsrede zurecht. Vor dem Saal angekommen, sprach ich eine Gruppe feiner Herren im Anzug an. Ob ich hier richtig sei bei der CDU? «Sicher», entgegneten sie heiter, und dann: «Was wollen Sie denn da?» Ich ließ mich durch ihre amüsierten Blicke nicht irritieren, stellte mich als Neumitglied vor und verkündete, dass ich der Runde guten Tag sagen wollte. Die Männer brachen in Gelächter aus. «Doch nicht hier», gaben sie belustigt zurück. Das sei kein offener Stammtisch, sondern eine Arbeitssitzung der Fraktion, wohlgemerkt eine geschlossene Sitzung.

Erneut fühlte ich mich gedemütigt, als ich zurück zur Schwebebahnhaltestelle lief. Gut, vielleicht hätte ich ahnen können, dass eine Fraktion innerhalb des Stadtrats etwas anderes war als die Kreispartei, aber ich war siebzehn Jahre alt, und ich wusste es eben nicht. Keiner hatte mir eine Anleitung geschickt, wie ich den Kontakt zu meiner Partei herstellen konnte, wo ich erwünscht war und wo nicht. Ein Ansprechpartner, eine Anlaufstelle, all das fehlte mir.

Nachdem sich diese ersten, eher enttäuschenden Erfahrungen gesetzt hatten, brachte ich schließlich doch noch die nächsten Stammtischtermine eines Wuppertaler Stadtbezirksverbands in Erfahrung, denn ein Parteiaustritt stand für mich aufgrund der inhaltlichen Übereinstimmung zu keinem Zeitpunkt zur Debatte. Monate nachdem ich formal Mitglied der CDU geworden war, war nun endlich der Tag gekommen, an dem mich die Parteimitglieder als eine von ihnen kennenlernen würden. Doch die Hindernisse nahmen nicht ab. Bereits der Veranstaltungsort, ein abgeschieden gelegenes Lokal, entpuppte sich als Problem für mich als 17-Jährige ohne Führerschein. Nachdem Papa mich hingefahren hatte und ich das Lokal betrat, wusste ich erst mal nicht, an wen ich mich wenden sollte. Ich sprach mehrere Gruppen an, setzte mich schließlich an die Theke und erfuhr erst nach einer ganzen Weile, dass der Stammtisch im benachbarten Schanksaal abgehalten wurde. Als ich die Tür aufstieß, stand ich gefüllten Bierbänken gegenüber. Die Menge wirkte auf mich wie eine Gruppe von alten Eheleuten, unter denen es absolut gar keinen migrantischen Anteil zu geben schien. Auf den ersten Blick sah ich niemanden, mit dem ich mich hätte identifizieren können. Ich sah weit und weit keine Person, die ich auf unter 40 schätzte. Niemand stand auf, niemand winkte mir zu. Ich entschied, mich einfach dazuzusetzen. Ich bestellte eine Cola, lächelte die Senioren an, bemühte mich, Gesprächsfetzen aufzugreifen und mich in die Unterhaltung einzuklinken. Doch niemand ging darauf ein oder erkundigte sich nach mir, keiner stellte sich mir vor oder erklärte mir den Laden. Als Papa mich Stunden später abholte, schwieg ich im Auto.

Ich haderte lange mit diesem Abend. Wenn das Partei war, dann hatte es nicht einmal ansatzweise mit dem zu tun, was ich mir vorgestellt hatte. Aber in Diskussionen mit Freunden und in der Schule merkte ich, dass ich mich immer mehr mit Positionen von Unionspolitikern identifizierte, zum damaligen Zeitpunkt etwa eine generationengerechte Politik des Schuldenabbaus. Einen letzten Versuch wollte ich daher unternehmen.

Nachdem auch ein zweiter Besuch ohne Erfolg geblieben war, ging ich ohne große Erwartungen ein drittes Mal hin. Ich atmete tief durch, betrat den mir schon bekannten Schanksaal des Lokals und visierte energisch einen Ortsverbandsvorsitzenden an. Ich hatte inzwischen recherchiert, wer der Vorstand war, der mich willkommen heißen sollte. Noch im Türrahmen stehend erkannte ich einen von ihnen. Er saß am anderen Ende eines langen gedeckten Tisches, sah in diesem Moment ebenfalls auf, blickte mich an, strahlte und winkte mich freundlich zu sich. Endlich, dachte ich, endlich werde ich wahrgenommen. Während ich auf ihn zuschritt, erhob er sich ebenfalls und ging auf mich zu. Ich überlegte noch, ob ich die Hand zur Begrüßung ausstrecken sollte, oder ob er es zuerst tun würde, da stand er schon vor mir und gluckste: «Zwei Bier, bitte!»

In eine Partei einzutreten war zunächst das Gegenteil von dem, was ich mir vorgestellt hatte. Ich hielt meine Erfahrungen aber lange Zeit für einen tragischen Einzelfall, bis ich von zahlreichen Menschen jeden Alters, jeder Partei und in ganz Deutschland Ähnliches hörte. Sämtliche Parteien in ihrem jetzigen Auftreten heißen ihre Neuzugänge nicht aktiv genug willkommen. Sie strahlen aus, lieber unter sich bleiben zu wollen. Darum wirken Parteien heute oftmals wie Parallelgesellschaften, die alles sind, aber kein adäquates Abbild der Gesellschaft in Deutschland.

«Sie sprechen aber gut Deutsch», machte eine Politikerin einer Parteifreundin mit asiatischem Aussehen ein gut gemeintes Kompliment. Dass die junge Frau gebürtige Deutsche sein könnte, die hier Abitur gemacht hat und studierte, darauf war sie nicht gekommen.

Als ein CDU-Mitglied mit südländischem Aussehen beim Länderspiel der DFB-Elf rief: «Wann schießen wir endlich ein Tor?», entgegnete sein Parteifreund zweifelnd: «Was heißt hier ‹wir›?»

Auf dem letztjährigen Parteitag der CDU stellte sich eine türkischstämmige CDU-Abgeordnete an der Garderobe an, als ihr unvermittelt ein Jackett in die Hand gedrückt wurde. Ähnlich meiner Erfahrung schien die Regel zu gelten: Frau sein heißt entweder Kanzlerin oder Garderobistin!

Als sich ein alleinerziehender Vater und CDU-Politiker erkundigte, ob er zur anstehenden Wochenendsitzung seines Landesvorstandes seine kleine Tochter mitbringen dürfe, erntete er entgeisterte bis mitleidige Blicke.

Den Parteien fehlt es definitiv an Willkommenskultur, einer Kultur der Gleichberechtigung.

Ich hatte den Schock des ersten halben Jahres CDU gerade erst verdaut, da lernte ich am 1. Mai, dem Tag der Arbeit, die Arbeit der Christlich-Demokratischen Arbeitnehmerschaft, kurz CDA, kennen, die den christlich-sozialen Flügel innerhalb der CDU darstellt. Auf dem historischen Kirchvorplatz im Elberfelder Luisenviertel luden die Arbeitnehmerverbände zu einer großen Kundgebung ein, auf der alle Parteien ihr Sozialprogramm vorstellten. Es gab Kaffee und Waffeln. Schnurstracks ging ich auf den Stand der CDA zu und traf auf eine Gruppe engagierter Gewerkschafter. «Na, stell dich doch gleich hinters Waffeleisen», scherzte einer von ihnen, als ich mich als CDU-Mitglied enttarnte. Auch wenn er es eigentlich ironisch meinte, hatte ich zum ersten Mal das Gefühl, gefragt zu sein. Ich schmiss mich enthusiastisch hinters Waffeleisen, und am nächsten Tag wurde ich Mitglied der CDA. Wenige Wochen später gründete ich die Jugendorganisation in Wuppertal.

Mit einem Mal ging alles Schlag auf Schlag. Ich gründete die Schüler Union in Wuppertal, die als CDU-nahe Vereinigung bereits in den 70er Jahren ins Leben gerufen wurde, um dem damaligen Linksruck politisch etwas entgegenzusetzen. Heute setzt sie sich für viele Belange der Schüler ein: für digitales Lernen, für mehr Lehrer, weniger Unterrichtsausfall und gegen einen ewigen Schulsystemstreit. An der Arbeit der Jungen CDA gefiel mir besonders die Solidarität mit jungen Arbeitnehmern und Auszubildenden. Wenngleich ich persönlich nicht betroffen war, empfand ich die Befristungspolitik der Unternehmer und die prekären Beschäftigungsverhältnisse als ungerecht. Zu dieser Zeit lernte ich die Lebendigkeit innerparteilicher Flügel kennen. Ich verstand, Programmatik nicht abnicken zu müssen, weil sie von der Parteiführung empfohlen wurde, sondern machte meine eigene Stimme im offenen Parteidiskurs geltend. So stellte ich mich früh hinter die Lohnuntergrenze, die die CDA vertrat, um das System der Tarifautonomie zu stärken. Über eine lange Zeit lehnte die CDU diesen Entwurf mit Mehrheit ab, wohl auch, um Abgrenzung zum Mindestlohnentwurf der SPD zu signalisieren. Auch die von Gesellschaftsliberalität und Lebensnähe geprägten Positionen der CDA, Gleichstellung und Gleichberechtigung einzufordern, festigten mich in meiner Zugehörigkeit zur CDA.

Doch so sicher ich mich in vielen Positionen wiederfand, so sehr schockierten mich die Strukturen der Partei. Wer eine Sitzung verpasste, war nicht mehr auf dem aktuellen Stand. Protokolle gab es nicht. Es wurden Termine für mehr als zwei Dutzend Leute bei Treffen vereinbart, bei denen weniger als ein halbes Dutzend anwesend waren. Als die Wuppertaler Synagoge von drei Jugendlichen mit Farbbeuteln beworfen wurde und ich davon aus den Medien erfuhr, schickte ich eine Rundmail an die Parteikollegen und schlug den Entwurf einer Pressemitteilung vor, in der wir den feigen Anschlag verurteilten. Doch zahlreiche Kollegen reagierten nicht auf E-Mails oder schauten bloß alle paar Wochen ins Postfach. Zwei Wochen später erhielt ich eine erste Antwort, die mir wiederum vorschlug, das

Thema bei der nächsten Sitzung in sechs Wochen mitzubringen. Auf diese Weise hätte mein Vorschlag acht Wochen nach dem Anschlag Zustimmung finden können, dann hätte er noch formuliert und später erneut abgesegnet werden müssen. Vier Monate nach dem Anschlag wäre er dann wahrscheinlich publikationsfähig gewesen.

Alles Politische, was aus mir herausgebrochen war, an Aktivismus, an Engagement, an Arbeit, wurde durch die Strukturen der Partei gehemmt, wenn nicht gar aufgehalten. Nicht durch den wesentlichen Kern der Parteienarbeit, in dem es darum geht, Kompromisse zu finden, sondern durch schlicht und ergreifend veraltete, ineffektive und starre Methoden der Kommunikation, der Urteilsfindung und der Präsentation. Der Partei fehlte es an Reformgeist, Innovationskraft und Willen zur Erneuerung. Das Thema Partizipation wurde für mich das erste große Politikum. Partizipation offener und zeitgemäßer zu gestalten, war eines meiner ersten politischen Ziele.

Ich nutzte meine Vorstandsämter, um gemeinsam mit meinen Mitstreitern Dinge in diese Richtung anzustoßen. Zur schnellen Koordination richteten wir Facebook und Whats-App-Gruppen ein, verhandelten zukünftige Sitzungstermine über Online-Plattformen wie Doodle und schrieben gemeinsame Positionspapiere effizient in Online-Dokumente, statt mit Hilfe ewiger Zetteldiktatur. Um nicht immer die Sitzungen in Büroräumen ohne natürliches Licht abzuhalten, lud ich zu politischen Stadtrundgängen, politischem Kabarett oder auch mal zu einem Infoabend in einer Bar über soziales Engagement für die Tafel ein. Ich spürte, der Geist veränderte sich, auch weil wir Freunde wurden. Wir verbanden Politik mit Performance, Kreativität und Abwechslung. Das Gefühl, wirklich etwas zu bewirken, wurde insbesondere durch die karitative Arbeit stärker. Und mit der Sinnhaftigkeit kamen und blieben auch die Mitglieder.

Da die Mitgliederentwicklung stets ein rotes Tuch war, wollte ich sie anpacken. Die Idee für eine Kampagne war, mit dem Spruch des Philosophen Augustinus «Du selbst musst brennen, wenn du andere entzünden willst» die eigenen Mitglieder in den Fokus zu stellen. Denn schließlich sind die Mitglieder diejenigen, die Partei ausmachen. Wer für eine Partei werben will, tut meiner Meinung nach daher gut daran, keine Marketingstrategie zu nutzen, die ein beliebiges Model in den Vordergrund stellt, sondern seine eigenen Mitglieder sprechen zu lassen – denn sie haben die beste Strahlkraft. Ich verband diese Idee mit der Möglichkeit, durch Verlinkungen in den sozialen Medien die Online-Freunde der entsprechenden Mitglieder zu locken. Verlinkte man einen Freund auf einem Foto, wurde es all seinen Freunden angezeigt. Zur nächsten Sitzung brachte ich meine Kamera mit, fotografierte unsere Mitglieder und bastelte Graphiken, die ich mit den Zitaten ihres Überzeugungsgrunds für ihre Mitgliedschaft versah. Im Nu meldeten sich zahlreiche Neumitglieder. Freunde von Freunden sahen Freunde, die Mitglied einer Partei waren und mit Überzeugung für sie warben. Seinen Freunden vertraut man, und man hatte mit ihnen sofort einen Ansprechpartner. Einige Monate später wurde meinem Kreisverband ein bundesweiter Mitgliederpreis verliehen. Zum ersten Mal war meine Arbeit überregional aufgefallen und wertgeschätzt worden. Der Bundesvorsitzende der CDA und aktuell Patientenbeauftragter der Bundesregierung Karl-Josef Laumann gratulierte mir persönlich.

Über die Arbeit an parteiinternen Reformprozessen hinaus trieb mich ein größeres Thema um: Aufgrund ihrer Erstarrtheit und homogener Mitgliederstruktur zweifelte ich an der wirklichen Legitimität von Parteien, wie sie das Grundgesetz vorschreibt. Wie konnte ein so wenig repräsentativer Bruchteil der Gesellschaft der wichtigste demokratische Akteur sein und Programme schreiben, die für die ganze Breite der Bevölkerung gelten sollten? Für mich stand dieser Befund in enger Verbindung mit der generellen Abkehr von der Politik, mit Elitenverachtung, Demokratiemüdigkeit und Parteifrustration. Weil diese Entwicklungen den Aufstieg reaktionärer politischer Kräfte mit begünstigten, wenn nicht gar befeuerten, halte ich die Revitalisierung von Parteien für eine der wichtigsten Aufgaben der gegenwärtigen Demokratie.

Ich begann, darüber zu schreiben – als Einzelperson, als Aktivist, als Parteimitglied. Ich beschrieb, dass die Kommunikation junger Leute auf Brieftauben verzichtet und Politik auch über Videostreaming funktionieren kann. Ich erzählte, wie ich selbst mein Auslandssemester im von Wuppertal nur drei Stunden entfernten Amsterdam absolviert hatte, um ja oft genug nach Hause fahren und meine politischen Sitzungen abhalten zu können. Für die meisten anderen jungen Menschen jedoch waren Amtsperioden von mehreren Jahren bei absoluter Anwesenheitspflicht unmöglich. Praktika, Auslandssemester und Umzüge erfordern Flexibilität und Mobilität, auf die Parteien keine passgenauen Antworten geben konnten. Ich prangerte all dies frustriert an, bemühte mich aber genauso um konstruktive Vorschläge. Ich regte die weitere Nutzung digitaler Methoden an, überlegte die Gründung eines Internet-Kreisverbandes für ortsungebundene Parteimitglieder oder schlug die Einrichtung von bundesweiten themenspezifischen Arbeitsgruppen vor, die beispielsweise über Videokonferenzen hätten arbeiten können. Als mir junge Parlamentskandidaten erzählten, ihrer Einschätzung nach sei ihr Wahlkampf nahezu aussichtslos, weil ihnen die Finanzierung fehle, meldete ich mich mit der Idee der Einrichtung einer eigenen Crowd-funding-Plattform zur Wahlkampffinanzierung für junge Parteimitglieder in der Parteizentrale. Weil örtliche Kreis-geschäftsführer um Verständnis dafür warben, dass sie keine ausgebildeten Graphikdesigner seien, die die ansehnlichsten Veranstaltungsplakate designen konnten, überlegte ich die Zentrierung von servicegebundener Expertise in Berlin. Ver-anstaltungskonzepte, ein Katalog bewerteter Referenten, Soft-ware für Videokonferenzen oder die Erstellung von modernem Informationsmaterial sollte von dafür ausgebildeten Haupt-amtlichen in der Parteizentrale zur Verfügung gestellt werden, ohne die politische Autonomie der Kreisverbände anzutasten. Für die innerparteiliche Kommunikation sah ich eine Strategie der Ergänzung statt des Ersatzes vor. Durch die Installation differenzierter Angebote und Kommunikationswege konnten sich Altbewährte auf Altbewährtes verlassen, während bis dato Nichterreichte mit dazustoßen konnten.

Als ich bereits längere Zeit studierte, Online-Beiträge dieser

Art schrieb, sie auf meinen eigenen Plattformen, auf kleineren Blogs und schließlich auch in Tageszeitungen veröffentlichte, erhielt ich eine Anfrage von der Konrad-Adenauer-Stiftung. Die CDU-nahe Stiftung unterstützte bereits mein Studium mit einem Stipendium, doch diese Anfrage kam aus einer anderen Abteilung, der Hauptabteilung Politik und Beratung. Sie wollte einen Jugendbeirat installieren, um den gesamten Stiftungs-apparat auf Jugendtauglichkeit zu überprüfen, und fragte, ob ich bereit wäre, Gründungsmitglied zu werden.

Fortan war ich Mitglied eines Gremiums, das die wichtigste Denkfabrik der CDU inmitten des Berliner Botschafterviertels beriet. Regelmäßig fuhr ich nun nach Berlin und setzte mich mit jungen Menschen aus dem ganzen Land zusammen. Wir kritisierten altmodische Veranstaltungskonzepte und die ein-gefahrene politische Kommunikation der Stiftung und emp-fahlen Themenschwerpunkte, die für junge Menschen beson-ders interessant waren. Als Jugendbeirat luden wir schließlich zu einer Best-Practice-Veranstaltung in die belebte Berliner Humboldt-Universität ein, ließen einen Hacker unerkannt die Telefone unserer Gäste knacken und erklärten so am per-formativen Live-Beispiel das abstrakte Thema der digitalen Sicherheit. Poetry Slammer ersetzten staubtrockne Grußworte. Internetzugang und der Hinweis auf einen Veranstaltungs-Hashtag waren selbstverständlich. Wir servierten Couscous statt Schnittchen. Es war nicht alles besser; aber es war vieles anders, was gerade ein junges, multikulturelles und digital affi-nes Publikum ansprach.

Zur gleichen Zeit erhielt ich an einem Vormittag, als ich gerade auf dem Weg in den Hörsaal war, einen Anruf aus der Parteizentrale der CDU. Generalsekretär Peter Tauber lud mich ein, Mitglied einer Bundeskommission der CDU zu werden. Man hätte von mir gehört, erzählte man mir am Telefon, und meine Perspektive und Erfahrung könnten hilfreich sein, in einer Reformkommission die Modernisierung und Öffnung der CDU voranzutreiben. Ein wenig später tagte ich dort, wo Angela Merkel für gewöhnlich Bundesvorstandssitzungen abhielt. Neben mir saßen Kommissionskollegen wie der ehemalige Erste Bürgermeister von Hamburg Ole von Beust oder der Gesundheitspolitiker und späterer Finanzstaatssekretär Jens Spahn. Ein einziger Anruf hatte mich aus dem unbeheizten Hörsaal in die Schaltzentrale der konservativen Regierungspartei geholt. An den ersten zwei Sitzungstagen der neu konstituierten Kommission zur Modernisierung und Öffnung der CDU lernte ich Tauber kennen. Ich durfte Peter zu ihm sagen. Es war ein zugleich stolzes wie herausforderndes Gefühl, meine eigene Stimme nun auf diesem Parkett geltend machen zu dürfen.

Mit diesem Amt professionalisierte sich mein Engagement. Später referierte ich im ehemaligen Plenarsaal in Bonn, beriet junge Parteien in Lateinamerika und diskutierte mit Regierungsmitgliedern in Lettland. Auch ich nahm viel mit aus dem Blick über den Tellerrand. Überhaupt halte ich viel davon, internationale Vergleiche anzustellen, und wundere mich, wie wenig diese Methode in der Politik angewandt wird. Was in der Wirtschaft längst üblich ist, vom Besseren zu lernen, zu plagiieren, ist in der Politik unüblich. Hier gilt für jeden, das Rad neu zu erfinden, statt demokratietheoretische Erkenntnisse zu teilen. Ich begann, moderne politische Kommunikation der Amerikaner von Personalisierung bis Storytelling zu analysieren, beobachtete die konstruktive Verbindung zwischen Regierung und Zivilgesellschaft in den Niederlanden, schätzte die Gelassenheit der demokratischen Auseinandersetzung in Dänemark und erarbeitete Thesen, die die verschiedenen Erkenntnisse aufgriffen. Aus dieser politischen Arbeit entstand über die CDU hinaus das Projekt «Champions in Politics», das ich gemeinsam mit dem Medienunternehmer Hubertus Hoffmann ins Leben rief. Internationale Arbeitsgruppen verglichen nationale Systeme und Maßnahmen zu Themen wie Kindergärten, lebenswerte Städte oder Migrationssteuerung und stellten erfolgreiche Beispiele aus.

Zurück zur Aufstellung der CDU war ich zu dem Schluss gekommen, dass die Partei eine Demokratisierung benötigte, Hierarchien abgebaut werden müssten und die Mitglieder verstärkt die Möglichkeit bekommen sollten, sich mit ihren Themen einzubringen. Viele aus meiner Partei vermissten so wie ich das dauerhafte Mitarbeiten an Themen und beispielsweise ein Format wie themenspezifische Mitgliederkongresse oder auch kurzfristige Positionsabstimmungen. All das erinnerte mich an die Idee, die hinter dem System der digitalen Hashstags stand. Begriffe, die mit Hashtags versehen werden, sind im Grunde genommen demokratisierte Nachrichtensysteme. Denn allein durch die Zustimmung der Masse gehen sie «viral» oder eben auch nicht, werden sie nach oben oder unten gespült. Nach dem gleichen System sollte meiner Meinung nach auch eine Partei funktionieren – denn Demokratie wächst von unten.

Doch wie wirksam sind solche Demokratisierungsinitiativen? Führt es tatsächlich irgendwohin, bei einer Diskussion mit 1000 Teilnehmern 1000 Wortbeiträge ungefiltert und unsortiert zuzulassen? Ist das überhaupt praktikabel? Wir starteten mehrere Versuche in diese Richtung, die aber für alle Beteiligten eher entmutigend und frustrierend waren. Statt zu demokratischeren Ergebnissen zu kommen, bremsten Koreferate Einzelner den gesamten Einigungsprozess. Es fehlte ein System, ein Algorithmus von Priorisierung.

Eines Tages aber hörte ich von der App Jodel. Mit ihr entstand plötzlich ein ganz neuer Gedanke zur Realisierung von mehr Demokratie in der Partei.

Jodel ist eine App, die alle Nachrichten anzeigt, die in einem gewissen Radius von Nutzern gepostet werden. Besonders beliebt ist die App in Bibliotheken oder in Hörsälen, wo sich die Nutzer über den sich im Sichtfeld befindenden Schwarm austauschen oder den Universitätsprofessor kritisieren. Nutzer können die angezeigten Postings «jodeln», also hoch- oder herunterbewerten, sie auf eine Art kuratieren. Für unsere Suche nach innerparteilichen Demokratisierungsstrategien wurde diese Idee gewinnbringend, als ich auf ein Brüsseler IT-Unternehmen stieß, das in einfache Votingmechanismen Kurationsoptionen einbaute. Mit dieser Methode war es möglich, Mitbestimmung effizient zu gestalten, Themen zu bündeln, einzelne Thesen zur Debatte zu stellen und per Voting Publikumsstatements selbst hoch- oder runterzujodeln. Für uns war es nun mit solchen technischen Verfahren möglich, Demokratie praktikabel und dennoch gerecht zu gestalten.

Knapp ein Jahr lang arbeitete die Parteireformkommission «Meine CDU 2017», deren Arbeit das Präsidium der CDU veranlasst hatte. Während des Bundesparteitages der CDU wurden die Vorschläge unserer Kommission diskutiert und in erheblichen Teilen von der Gesamtpartei angenommen. Die Ausweitung und Stärkung von Antragsrechten für Mitglieder, die verpflichtende Einführung eines Mitgliederbeauftragten zur Einführung von Neumitgliedern oder die Beschlüsse, Kommunikation und Information digital und differenziert anzubieten und mit Hilfe einer neuartigen App erfolgreiche CDU-Aktivitäten vor Ort sichtbar zu machen, schafften es, die eigenen Mitglieder zu überzeugen. «Fertig», postete ich nach dem Bundesparteitag auf den sozialen Plattformen und freute mich, Teil der Reformkommission gewesen zu sein. «Nichts da mit fertig. Das ist gerade erst der Anfang», kommentierte Tauber. Fortan war die Arbeit am Reformprozess der CDU zwar nicht mehr in einer Kommission gebündelt; wir Kommissionsmitglieder waren nun als Botschafter der Modernisierung in allen Teilen der Partei unterwegs und werben noch bis heute für die Öffnung der Partei.

Als Angela Merkel 2005 zur ersten Bundeskanzlerin der Bundesrepublik Deutschland gewählt wurde und Gerhard Schröders Bundeskanzleramt erstmalig bezog, wartete eine besondere Überraschung auf sie. Höfliche Grußformeln waren schnell ausgetauscht, der Blumenstrauß von Schröder an Merkel rasch übergeben. Reporter und Fotografen zogen nach erfolgreichen Schnappschüssen wieder ab. Als Merkel schließlich ihr neues Büro betrat, begrüßte sie ein Kuchen von Amtsvorgänger Schröder auf dem Konferenztisch. «Ich war unheimlich berührt», gab Merkel bei einer Buchvorstellung Schröders zehn Jahre später kund. Es war ihr anzusehen.

«Unheimlich berührt» war ich nicht, als ich mich an einem Freitagmorgen im Herbst 2014 im Berliner Regierungsviertel wiederfand. Ich war nicht zum ersten Mal in Berlin, und doch war mir an jenem kalten Herbstmorgen zum ersten Mal aufgefallen, wie kühl sich dieser ja eigentlich geschichtsträchtige Ort gegenüber seinen neugierigen Besuchern präsentierte.

Ich schritt vorbei an der «Bundeswaschmaschine», wie das Kanzleramt aufgrund seiner seitlichen runden Fensterfassade inmitten eines großen Betonblocks im Volksmund genannt wird. Mein Blick glitt über die fein gestutzten Grünflächen und die weitgehend baumlose Regierungsgegend. Kein Morgenkiosk, kein Mittagscafé, kein Spätimbiss, kein Straßenhändler, nicht einmal ein Mülleimer waren in Sichtweite. Lediglich schwarze Dienstwagen schlichen leise über den Asphalt. Was offenbar als vornehme Zurückhaltung gedacht war, wirkte auf mich steril und kalt. Das Regierungsviertel schien menschenfern, sogar menschenentleert. Wie eine hochprofessionalisierte und polierte Geschäftswelt. Am zentralen Ort der Repräsentanz des deutschen Volkes war: kein Volk. Vielleicht lag es an der Jahreszeit, dachte ich.

Ein Jahr später, es war der vierte Advent 2015, half ich bei einer Flüchtlingshilfsorganisation vor dem Berliner Landesamt für Gesundheit und Soziales aus. Die Zustände vor Ort, die langen Wartezeiten, die überfüllten Notunterkünfte und die Probleme mit dem Wachpersonal hatten es bis in eine Reportage der *New York Times* geschafft. Zusammen mit einer Freundin verteilte ich dort an diesem Abend Winterjacken und schenkte Heißgetränke aus. Ein Fotograf dokumentierte das abendliche Geschehen. Später fragte er mich nach meinem Hintergrund. Als er erfuhr, dass ich politisch arbeitete, schwelgte er in Erinnerungen: Er habe die Neugestaltung des Reichstagsgebäudes nach dessen Brand von dem britischen Architekten Norman Foster exklusiv mit dokumentieren dürfen, erzählte er, als ich mit ihm Monate später durch ebenjenen Reichstag ging. Er deutete auf die helleren Stellen des sandsteinfarbenen Gemäuers und erklärte, man habe herausgefunden, dass eine Holzvertäfelung das Mauerwerk vor Verfärbung schützte, bis es gebrannt hatte. Aus Löchern in den Säulen des Reichstagsbebäudes zog er vergilbte Zigarettenstummel hervor. Der Rundgang mit dem Fotografen entführte in längst vergangene Zeiten. Und auch er fand das Regierungsviertel zu steril: «Foster hatte eigentlich mit einem anderen Entwurf für den Reichstag geworben», erzählte der Fotograf. «Dieser hatte keine Kuppel vorgesehen, sondern ein gläsernes Dach, das von einem Pfeiler auf einer Insel in der Spree gestützt werden sollte. Man stelle sich die Lebendigkeit vor, das Treiben der Menschen, hätte man hier außerhalb des Parlamentsgebäudes Gastronomie, Museen und Archive installiert.» Fosters Idee hatte sich nicht durchgesetzt; dafür war unter Kohl immerhin die gläserne Kuppel entstanden, die sich zum Symbol der Transparenz entwickelte und von den Bürgern sehr gut aufgenommen wurde.

Während ich auf dem taunassen Grün des Spreebogenparks stand, geisterten mir viele Fragen durch den Kopf: Waren die Parlamente, die Parteien und die Politiker überhaupt noch Vertreter der Bevölkerung und ihrer Interessen? Oder gehörten sie zu einem geschlossenen System, dem man sich von außen kaum nähern konnte? Waren sie vielleicht wirklich «die da oben»? War die Beziehung zwischen Volk und Politik gestört? Mussten wir wieder «mehr Demokratie wagen»? Und wenn ja, wie?

Der Grund für meine Reise nach Berlin in diesem Herbst 2014 war ein interfraktionaler Kongress für junge politisch interessierte Menschen zu den Themen Staat und Religion, Werte und Glaube, an dem 180 Personen unter 30 Jahren teilnahmen. Nun war ich auf dem Weg zum «Finale» des Kongresses: ein gemeinsames Frühstück mit Abgeordneten des Deutschen Bundestags. Mit echten Berufspolitikern zu frühstücken, ihnen in lockerer Atmosphäre Fragen stellen zu dürfen – schnell war klar: Diese Verabredung wurde von nahezu allen Teilnehmern mit Spannung erwartet.

Ich wandte mich vom Kanzleramt ab und nahm Kurs in Richtung Paul-Löbe-Haus. Vor mir lag das «Band des Bundes», wie das Regierungsviertel im Spreebogen genannt wird und das von den Berliner Architekten Axel Schultes und Charlotte Frank im Jahr 1992 entworfen wurde. Indem diese Reihe aus Gebäuden die Spree, die ehemalige Grenze zwischen Ost- und Westberlin, kreuzt, gleicht die Anlage einem Brückenschlag zwischen den ehemals getrennten Stadthälften.

Vor der imposanten Glasfront des Paul-Löbe-Hauses angekommen, kramte ich meinen Ausweis hervor, passierte die Sicherheitskontrollen und lief schließlich durch das weite Foyer mit ebenfalls glasgedecktem Rasterdach. Eine schwere Wolkendecke lag über dem achtgeschossigen Neubau mit den acht charakteristischen Zylindern, in denen sich Büroräume und Ausschusssäle befinden.

Am anderen Ende des Foyers stieg ich eine Treppe hoch, dann stand ich gemeinsam mit meinen Mitteilnehmern vor den frühstücksgedeckten Rundtischen des Besucherrestaurants. Auf jedem Tisch stand der Name eines Abgeordneten. Noch bevor die Begrüßungsworte gesprochen wurden, war unsere Gruppe bereits wild zerstreut. In Windeseile wurde um die besten Plätze gewetteifert. Dabei galt: Je prominenter der Name des Abgeordneten und je höher sein Rang, desto schneller waren die Stühle an seinem Frühstückstisch besetzt. Während die anderen nach vorne eilten und sich auf die Tische an der Fensterfront stürzten, erkundete ich die hinteren Tische nahe der Theke – und hatte Glück: Ein unscheinbar wirkender Tisch hinter einer Säule offenbarte, dass Peter Tauber dort frühstücken sollte. Tauber war promovierter Historiker, galt als Pionier in Sachen Digitalisierung und Integration und diente seiner Partei als noch recht frischer Generalsekretär. Der 40-Jährige trägt eine Modeglatze, Dreitagebart und Nerdbrille. In Zeitungen konnte man schon häufiger lesen, dass allein sein Äußeres eine Zumutung für das traditionelle, konservative Klientel seiner Partei sei.

Zu diesem Zeitpunkt war ich Tauber bereits zweimal begegnet. Beim ersten Mal war ich 18 Jahre alt und hatte meine zwei Jahre jüngere Schwester Netti dazu überredet, mich auf meine erste politische Tagung außerhalb Wuppertals zu begleiten. Im ehemaligen Plenarsaal in Bonn saß Tauber mit Politikern anderer Parteien auf dem Podium. Sie alle trugen Anzug und Kostüm, Tauber trug Jeans und Kapuzenpullover. Als er sprach, verstanden wir ihn beide sofort. Seine Sprache war einfach. Komplexe Sachverhalte brach er auf eindrück-liche Bilder herunter. Tauber sprach als Digital Native. Er über-blickte die Chancen und Grenzen des digitalen Zeitalters. Vor allen Dingen aber strahlte er Gelassenheit aus. Er stellte sich als Christdemokrat heraus, und weil wir sein Äußeres als in diesem Kontext unaufgesetzt und glaubwürdig empfanden, sympathisierten wir mit ihm.

Das zweite Mal traf ich Tauber fünf Jahre später wieder, genauer gesagt: zwei Wochen vor dem Kongress, beim ersten Treffen der bereits erwähnten von ihm berufenen Kommission zur Modernisierung und Öffnung der CDU.

Ich setzte mich an den gedeckten Frühstückstisch gegenüber von Taubers Platz. Es dauerte keine Minute, da stürmte eine Schar von Mitteilnehmern heran. Nach wilden Zurufen und körperbetontem Plätzefreihalten war der Tisch komplett. Nur Tauber selbst fehlte noch. Während sich unsere kleine Frühstücksgesellschaft einander vorstellte, nahm die Lautstärke im Besucherrestaurant merkbar zu. Die ersten Abgeordneten trudelten ein. Die Aufregung stieg. Als Tauber an unseren Tisch kam, erhoben sich alle. Er strahlte, wie er es oft tat. Er war niemand, der immer eine strenge Fassade bewahrte oder eine betont hierarchische Distanz erzeugte. Er sah einem freundlich in die Augen, gab einen herzlichen Händedruck und sprach mit heller Stimme. Im Hohen Haus trug auch er Anzug und Krawatte.

«Guten Tag, ich freue mich sehr», sagte er, und niemand glaubte es ihm nicht. Die Tischnachbarn waren begeistert. Als Tauber mich erkannte, rief er: «Diana, meine Liebe!», eine typisch Tauber'sche Freundschaftsbekundung. Ich reichte ihm die Hand und freute mich. Tauber nahm Platz und griff zum Saft. Einige meiner Tischnachbarn waren sichtlich verwirrt angesichts Taubers und meiner Begrüßung. Ihre Blicke hafteten auf meinem mehrfarbigen Baumwollhemd und meiner blau-gelben Baseballkappe; es unterschied mich vom Schwarz, Dunkelblau und Grau. Nach anfänglicher Zurückhaltung entwickelte sich am Tisch eine Diskussion über den Zustand der Parteien. Tauber forderte durchaus selbstkritisch, dass sich alle Parteien für die ganze Bandbreite der Gesellschaft öffnen müssten. Sie sollten sowohl junge Menschen, Frauen als auch Migranten angemessen abbilden und darum vermehrt um sie als Mitglieder werben. Dann verwies er auf mich: «Und daran arbeiten Diana und ich.» Erneut trafen mich die erstaunten Blicke der Tischnachbarn, und ich las aus ihren Gesichtern mindestens Irritation. Das erschien mir kurios: Diese eine Situation prägte sich mir stark ein, denn ich hatte den Eindruck, dass der politisch etablierte Nachwuchs gar nicht zu wollen schien, dass Politik «nach unten komme»; es war der politische Nachwuchs, der «nach oben wollte». Später einmal erzählte mir der Bundesvorsitzende der Jungen Union, Paul Ziemiak, wie ihn 14-jährige Jungpolitiker der Schülervereinigung der CDU zu einer Diskussionsrunde empfingen. Während sich Ziemiak mit Turnschuhen und Kapuzenpullover als Paul vorstellte, nannten die 14-Jährigen mit Anzug und Aktenkoffer ausschließlich ihren Nachnamen.

Gerade wollte ich in unserer Tischrunde darauf eingehen, warum so viele junge Menschen eine Parteimitgliedschaft ablehnten, da bemerkte ich, wie Taubers Blick über meine Schulter wanderte und sich mit Bewunderung und Ehrfurcht füllte. Gespannt drehte ich mich um und erblickte Peter Hintze.

Auch Hintze kannte ich zu diesem Zeitpunkt bereits. Er vertrat meinen Wuppertaler Wahlkreis seit nunmehr schon

24 Jahren im Parlament, länger, als ich überhaupt alt war. Zum ersten Mal war ich ihm während der Bundestagswahl 2009 begegnet, als ich im Alter von 18 Jahren meinen ersten Wahlkampf bestritt. Unermüdlich waren wir damals auf den Beinen gewesen: Am Abend in «Parteiuniform» (dunkelblauen einheitlichen Regenjacken) im alternativen Kneipenviertel, des Nachts mit Katerkaffee vor den Diskotheken, am Morgen vor dem Pendlerbahnhof mit Frühstücksbrötchen. Auf dem Weg zur Schule brachte ich Plakate an. In den Pausen warf ich Flyer in die Briefkästen in der Gegend rund um das Schulgebäude. Die Hausaufgaben erledigte einer von uns für alle am Wahlkampfstand, sodass den anderen mehr Zeit blieb, Leute auf die anstehende Wahl anzusprechen. Es vergingen viele Tage, bis Peter Hintze schließlich selbst erschien – am allerletzten Wahlkampftag. Wir alle wussten, wie eingespannt er war, dass er durch seine zahlreichen Ämter einen sehr dichten Terminplan hatte. Doch Hintze fuhr von Wahlkampfstand zu Wahlkampfstand. Er ließ keinen einzigen aus, um Danke zu sagen. Als es bereits dämmerte und die meisten von uns längst krank waren vor Erschöpfung, schwand die Hoffnung, dass wir ihn noch zu Gesicht bekommen würden. Dann aber war er plötzlich da, schritt gutgelaunt über den Rathausvorplatz und hielt eine letzte motivierende Ansprache. Als Hintze zu Ende gesprochen hatte, zündeten auch die allerletzten Funken, und ich griff noch einmal zum Stapel Wahlkampfmaterial. Es war bereits nach Feierabend. Die Leute auf der Straße waren müde und wollten schnell nach Hause. Die meisten winkten ab, als ich fröhlich auf sie zuging. Nur wenige nahmen die Broschüren

mit ernster Miene an. Auf einmal tippte mir jemand von hinten auf die Schulter. Als ich mich umdrehte und aus Reflex einen Flyer reichte, stand Hintze plötzlich vor mir. «Weiter so», sagte er strahlend, wandte sich um, und rief über mehrere Meter in Richtung der anderen, die im Kreis um den Wahlkampfstand herumstanden, um die Gelegenheit zu nutzen, mit Hintze selbst zu sprechen: «So wird das gemacht! Den Menschen zugewandt! Hört ihr? Zugewandt! Wer wählt uns denn, wenn wir im Kreis stehen!»

Wenn wir später auf denselben Veranstaltungen waren und Hintze von Politikern und anderen wichtigen Leuten umringt war, malte er inmitten seiner Gespräche hin und wieder eine Kurve in die Luft und grinste dabei schelmisch in meine Richtung. Dann wusste ich, er meinte den Stehkreis.

Hintze saß nicht frühstückend an einem der Tische. Er stand in der geschäftigen Menge und sah sich suchend um. Als er in meine Richtung blickte, winkte ich. Hintze winkte zurück und ging auf mich zu. Mein Puls stieg vor Aufregung. Zwar wird er wohl kaum auf der Suche nach mir gewesen sein, aber dass er mir dennoch guten Tag sagen wollte, ließ mich strahlen. An unserem Tisch angekommen, grüßte er freundlich und erkundigte sich, wie es mir ging. Bevor ich antworten konnte, bemerkte Hintze, dass Tauber zu unserer Frühstücksgesellschaft gehörte. Sofort gratulierte er ihm zu seinem Talkshowauftritt am Vorabend und verfiel in Lobeshymnen. Tauber schien sich sehr über die lobenden Worte zu freuen.

Auf einmal ertönte ein Klingeln aus Hintzes Hosentasche.

«Da muss ich rangehen», entschuldigte er sich schnell und verschwand hinter einer Säule. Ich bedauerte, ihn nur so kurz gesprochen zu haben. «Peter Hintze ist Vizepräsident des Parlaments», erklärte Tauber der Tischrunde. «Einer der letzten großen Intellektuellen der protestantischen Christdemokratie», fügte er an. «In fünf Minuten beginnt die Plenarsitzung», sagte Tauber dann, setzte seine leere Kaffeetasse ab und sah entschuldigend in unsere Gesichter. «Dann muss ich mich leider verabschieden.» – «Wir gehen zusammen», rief Hintze auf einmal, der just in diesem Moment wieder hinter der Säule hervorkam. «Und Sie kommen bitte auch mit. Ich würde Sie gerne sprechen, Frau Kinnert», sagte er. Die Tischrunde wirkte perplex, aber auch ich war mehr als verwundert. Als wir das Besucherrestaurant verließen, nahm mich Hintze zur Seite. «Da Sie schon einmal in Berlin sind, sollten Sie unbedingt mein Bundestagsbüro kennenlernen», meinte er.

Wenige Minuten später stand ich mit Hintze und Tauber im gläsernen Aufzug des Paul-Löbe-Hauses. Man konnte am Ende des Foyers durch die durchsichtige Eingangsfront bis auf das Bundeskanzleramt schauen. Es wird erzählt, dass Altkanzler Schröder seinen Schreibtisch so gestellt habe, dass der Blick auf das Innere des Kanzleramts fiel, auf das eigene Machtzentrum also. Dem Reichstag drehte er den Rücken zu. Kanzlerin Merkel habe ihn dann umgestellt. Sie wandte sich lieber dem Parlament zu, den Blick auf die Inschrift «Dem deutschen Volke» gerichtet. In diesem Moment fühlte ich mich so berührt von der Stimmung des Hauses, dass ich nicht darüber nachdachte, wie viele Menschen die Inschrift auf dem Giebel des

Parlamentes inzwischen als Hohn empfanden. Die Politik-krisen der letzten Jahre, von der europäischen Banken-, Staats-schulden- und Währungskrise bis hin zur Flüchtlingskrise und einer allgemeinen Krise des politischen Establishments deuteten auf einen gesellschaftlichen Vertrauensverlust in diejenigen hin, die als «Eliten» galten. Umfragen zeigen, dass nicht nur das Vertrauen in Banker, sondern auch in Politiker, Kirchenführer, moralische Autoritäten und – noch besorgnis-erregender – in unser pluralistisches, repräsentatives demokra-tisches System abgenommen hat. Sind die Abläufe, die Institu-tionen noch so, dass der Einzelne damit etwas anfangen kann? Dass er sich gut aufgehoben fühlt?

Durch ein unterirdisches Tunnelsystem gelangten wir vom Paul-Löbe-Haus ins historische Reichstagsgebäude. In den Boden eingelassene Scheinwerfer warfen unsere Schatten auf die hell beleuchteten Tunnelwände. Hintzes Schatten war der größte, Taubers Schatten schritt am elegantesten, mein Schat-ten trug Kopfbedeckung. Vor dem Plenarsaal verabschiedete ich mich von Tauber. Hintze übergab mich einer Mitarbeite-rin. «Ich werde nicht dabei sein können, wenn Sie nun mein Bundestagsbüro besuchen», sagte er. «Ich leite die Plenar-debatte.» – «Dann sind Sie wohl entschuldigt», gab ich heiter zurück und war dennoch sehr verwundert. Was genau erwar-tete mich in seinen Büroräumen, wenn nicht ein Gespräch mit Hintze selbst?

Bevor Hintzes Mitarbeiterin mich weiter durch die Tiefen und Untiefen des komplexen Gebäudesystems führte, blieb ich stehen und betrachtete das wuselige Innenleben des Parlaments. Zahlreiche Sitzreihen waren leer. Einige Jahre zuvor, auf einer Klassenfahrt nach Berlin, bei der wir ebenfalls das Parlament besuchten, hatte ich zu jenen gehört, die dieses Phänomen der leeren Reihen als Arbeitsverweigerung deklarierten. Mir war nicht bewusst gewesen, dass zahlreiche andere Arbeitstermine zur gleichen Zeit stattfanden wie die Sitzungszeit. Dementsprechend war die Leere des Plenarsaals kein Anzeichen von schlechter Parlamentsarbeit. Wie ich später lernte, ist das Gegenteil der Fall: Das Arbeitspensum bringt jeden Mandatsträgers an die Grenzen der Belastbarkeit. Mir dämmerte zunehmend, dass die substanzielle Vertrauenskrise zwischen Politik und Volk zwar auch daran lag, dass die Bürger so wenig über die politische Arbeit wussten, aber auch an der durchorganisierten Selbstverständlichkeit der Berufspolitiker. Das war nicht böswillig gemeint; und für mich hieß das nicht, dass gleich alle Verfahren der Demokratie selbst undemokratisch geworden waren, sondern dass lediglich die «Lesbarkeit» von Demokratie auf der Strecke geblieben war. Der Münchner Soziologe Armin Nassehi forderte in diesem Zusammenhang «neue Ausdrucks- und Kommunikationsformen des Vertrauens». Denn für das System Demokratie, das dadurch funktioniert, Stimmen zu delegieren und sich vertreten zu lassen, ist Vertrauen die wichtigste Währung. Und dabei geht es nicht nur darum, politische Inhalte ausführlicher und noch ausführlicher zu erklären; in einer komplexen und unübersichtlichen Welt bringt weniger Information manchmal gar mehr Vertrauen.

Diesem Gedanken stellte ich sehr früh das Konzept der

Repräsentanz voran. Ich musste nicht noch stärker in die komplexen Gesetzgebungsprozesse des Parlaments eingebunden werden, wenn ich nur sicher sein konnte, dass Menschen, die mir ähnlich waren und meine individuellen Bedürfnisse und meinen individuellen Willen verstanden und vertraten, für mich meine Stimme geltend machten.

«Nach Ihnen, bitte», sagte Hintzes Mitarbeiterin, als sie mich nach langer Wanderung endlich durch eine Bürotür schob. Sie sah mich gutmütig an, und ich trat ein. Zwei weitere Mitarbeiterinnen begrüßten mich freundlich, und ich durfte mir ein Heißgetränk wünschen. Der Büroleiter stellte sich mir vor, führte mich durch mehrere Einzelbüros und bot mir schließlich einen Platz an Hintzes Besprechungstisch an. Meine Herbstschuhe standen auf hellem Parkett. Die Räume waren lichtdurchflutet. Das Büro lag ziemlich weit oben, und durch eine bodentiefe Fensterfront blickte man direkt auf das Reichstagsgebäude mit seinen mythologisch aufgeladenen Verzierungen sowie das nackte Geäst des Tiergartens.

Hintzes Stab nahm um mich herum Platz. Der Büroleiter drehte an seiner Espressotasse und erkundigte sich nach dem Grund meines Berlinbesuchs. Dann wollte er wissen, was ich über den Kongress dachte. So erwartungsfroh und voller Vorfreude ich zu Beginn der Tagung noch gewesen war, so nüchtern fiel mein Resümee gegen Ende aus. Ich überlegte noch, ob ich lügen sollte, aber dann entschied ich mich für die Wahrheit. «Ich bin etwas enttäuscht», gestand ich und beklagte das niedrige Diskussionsniveau. «Was und wie hätte man denn Ihrer Meinung nach diskutieren sollen?», fragte mich der Büro-

leiter unbeeindruckt. «Na ja, zum Beispiel die Beschneidungsdebatte», antwortete ich. «Es gibt so viele Konfliktparteien
und dementsprechend so viele Perspektiven.» – «Welche Argumente beherrschen denn die Beschneidungsdebatte?», fragte
darauf der Büroleiter. «Es gibt zum einen das Argument, das
die Ausübung der Religionsfreiheit vertritt. Dieses trifft auf das
Recht auf körperliche Unversehrtheit des Kindes beziehungsweise auf das elterliche Sorgerecht», behauptete ich. Der Büroleiter ergriff Partei für eine Seite. Ich war unsicher, ob er es als
persönliche Meinungsäußerung oder argumentative Herausforderung meinte, ging von Letzterem aus und verteidigte die
Gegenpositionen. Wir diskutierten auf jenem Niveau, das ich
mir für die Debatten dieser Tage gewünscht hatte.

«Sie sind vor kurzem Mitglied von Taubers Reformkommission geworden?», warf der Büroleiter nach einiger Zeit
unvermittelt ein. Ich war verwundert, dass er davon wusste,
dann bejahte ich. Dann stellte er eine Reihe von Fragen. Sie
alle bezogen sich auf Stationen meines politischen Lebens.
Die Mitarbeiterin, die mich zum Büro geführt hatte, machte
derweil Notizen. Ich berichtete über meine Mitwirkung an
einem politischen Buchprojekt, erzählte von meinen Aufgaben
als Jugendbeirat der Konrad-Adenauer-Stiftung und erläuterte
meine Ideen für Taubers Reformkommission. «Wo wollen Sie
denn mal hin?», fragte der Büroleiter schließlich. Inzwischen
waren alle Getränke ausgetrunken.

«Ich weiß es nicht genau», antwortete ich. «Möglicher-
weise in den politiknahen Bereich.» – «Könnten Sie sich auch
vorstellen, hier zu arbeiten?», fragte der Büroleiter. «Klar»,

antwortete ich. «Warum nicht?» Es folgte ein verwirrendes Hin und Her.

Ich verließ Hintzes Büro mit einem plötzlichen Jobangebot, dem ich just in diesen Minuten zugesagt hatte. Auf dem Weg zurück zur Tagungsgruppe machte ich mir bereits Gedanken zu meinem anstehenden Universitätswechsel, der baldigen Wohnungssuche in Berlin, dem Arbeitsbeginn zum kommenden Semesteranfang. In jenem übermannenden Taumel verirrte ich mich mehrfach in dem sandsteinfarbenen Reichstagsgebäude. Auf der Ebene der Fraktionsarbeit angekommen, wo unsere Gruppe eine ihrer letzten Diskussionen führte, hielt ich einen Moment inne. Die Wolkensuppe des Morgens hatte sich aufgelöst. Durch die gläserne Reichstagskuppel fiel ein wenig Sonnenschein, erst auf mich, dann weiter hinunter auf das Parlament. In diesem Augenblick ertönte Musik. Der Liedermacher Wolf Biermann begann in diesen Sekunden anlässlich einer Gedenksitzung des Deutschen Bundestages zum Fall der Mauer vor 25 Jahren zu singen.

Was für eine Chance, dachte ich, als ich noch am gleichen Nachmittag in den Zug zurück nach Wuppertal stieg. Seit nunmehr sechs Jahren nahm ich jede Möglichkeit wahr, dem Geruch des Demokratischen auf die Spur zu kommen. Ungefragt war ich in die Sphäre der Politik eingedrungen und fühlte mich auch nach Jahren häufig noch genau so: Wie jemand, der nicht gefragt wurde, jemand, der Eindringling war, ein Störenfried und Sand im Getriebe. Heute aber war einer dieser Tage, an denen es sich anfühlte, als zahlten sich Hartnäckigkeit und

Duldsamkeit eines Tages aus. Während der Zug durch die Landschaft raste, dachte ich an das Buch *Number Ten* der britischen Schriftstellerin Sue Townsend.

Englands Premierminister Edward Clare, wichtigster Protagonist des Romans, stellt sich zu Beginn einer erschütternden Erkenntnis: Er habe den Kontakt zum einfachen Volk verloren und verstünde die wirklichen Alltagsherausforderungen der Menschen nicht mehr, klagt er dem Polizisten, der seinen Amtssitz bewacht. Er habe seit Jahren nicht mehr mit öffentlichen Verkehrsmitteln fahren müssen, genauso lange keinen Liter Milch mehr kaufen oder auf die Behandlung in einem staatlichen Krankenhaus warten müssen. Ob ihn seine Berater nicht in Kontakt mit der Wirklichkeit hielten, fragt der Polizist. Clare antwortet: «Die leben doch in der gleichen Blase wie ich!» Schließlich reist Clare in der Verkleidung einer aufgedonnerten alten Schachtel mit Perücke, Lippenstift und Pumps, begleitet von seinem Wachpolizisten, inkognito durchs Land. Nach einem Herzinfarkt muss sich Clare ins Wartesystem einer Klinik einreihen, das zwischen schlimmen, sehr schlimmen und fast aussichtslosen Notfällen unterscheidet. Unter zwei Stunden Wartezeit kommt allerdings niemand in Behandlung.

Manchmal, so heißt es, mischte sich auch Papst Franziskus anonym unter das Volk. In den abendlichen Gassen Roms soll er sich Bedürftiger annehmen, munkelte man vor einiger Zeit. Norbert Lammert mit zerrissenen Jeans in Kreuzberger Kommunen im Gespräch über das Recht auf Rausch? Andrea Nahles als Streifenpolizistin mit Dienstrad im Kampf gegen die Autoraser vom Berliner Ku'damm? Flüchtlingskind Horst Seehofer ohne Spielzeugeisenbahn in wahlweise unbeheizter oder angezündeter Asyl-Notunterkunft? Angela Merkel als geringfügig Beschäftigte in der Schlange der Altersarmen an der Tafel? – Unvorstellbar.

Nach vier Stunden hielt mein Zug im weitgehend abgerissenen Hauptbahnhof in Wuppertal. Erholt stolperte ich aus der zweiten Klasse. Mutmaßlich verseuchtes Taubengefieder kreischte über meinem Haupt. Es regnete. Endlich wieder Wuppertal.

BITTE DIE
UNRUHE
BEWAHREN!

*Warum Deutschland
wieder innovativer
werden muss*

Ich hatte gerade erst mein Zimmer im Amsterdamer Hafen-
viertel bezogen, als mich bereits unzählige Einladungen zu
außeruniversitären Aktivitäten erreichten. Als ausländische
Austauschstudentin in den Niederlanden wurde ich ab dem
Tag meiner Ankunft rundum betreut. Schon vor Semesterbe-
ginn organisierte eine Gruppe niederländischer Studenten eine
Reihe von Angeboten, um uns Ausländern mit Stadt, Land und
Leuten selbst bekannt zu machen. Schnell bildete sich dadurch
eine Gemeinschaft internationaler Austauschstudenten aus
der ganzen Welt. Eine bereichernde Erfahrung, die weit über
das Kennenlernen der Niederlande selbst hinausreichte. Mit
vielen von ihnen bin ich noch heute in Kontakt.

In den ersten Tagen meines Aufenthaltes lernte ich Laura
kennen. Laura war Italienerin, Studentin der Kulturwissen-
schaften, trug langes brünettes Haar, eine Brille mit sperrigem
Holzrahmen und einen funkelnden Nasenring. Wir verstanden
uns auf Anhieb. Gleich wenige Tage nach unserem Kennenlernen schlug Laura vor, an einer der Aktivitäten für die Aus-

tauschstudenten teilzunehmen. Es handelte sich um einen internationalen *hitchhiking contest*, bei dem Hunderte feierwütige Austauschstudenten per Anhalter um die Wette zu einer Blockhütte im Ausland fuhren, um dort ein promillereiches Wochenende zu verbringen. Ich sagte sofort zu.

Erst am Morgen des Aufbruchs war das Reiseziel bekanntgegeben worden. Das Wettrennen nach Dinant, einem verschlafenen, pittoresken Ort im Süden Belgiens, konnte beginnen. Noch auf dem Campus stürmten die Kommilitonen zum Altpapiercontainer, rissen Pappkartons auseinander, schrieben mit schwarzen Filzstiften südlich gelegene niederländische Städte wie Utrecht darauf und rannten zur Straße hinauf.

Lauras und mein Start verlief zäh. Für uns beide war es das erste Mal, dass wir trampten. Wir stellten uns zunächst nahe einer Autobahnauffahrt auf, an der es jedoch kaum eine sichere Haltemöglichkeit gab. Es war nicht verwunderlich, dass zahlreiche Fahrer nicht anhielten. Als wir schließlich doch mitgenommen wurden, zunächst von einem Spediteur, der in Richtung Utrecht fuhr, anschließend von einem DHL-Fahrer aus Köln, dann weiter von einem Logistiker aus Rumänien, schnellte unsere Laune in die Höhe. Im Fahrerhaus trafen wir auf die verschiedensten Menschen, und ich genoss die Gespräche, zu denen ich anders niemals gekommen wäre.

Insbesondere der Beruf der Lkw-Fahrer weckte mein Interesse. Wie das so sei auf nie endenden Straßen, nächtelang über den Kontinent zu rollen, seine eigenen Familien über längere Zeiträume nicht zu sehen, fragte ich jeden Fahrer, der mir begegnete. Ihre Antworten zerschmetterten jeden Anflug von

«On the road»-Romantik. Nicht die Einsamkeit sei schwierig, entgegneten sie, sondern die harten Arbeitsbedingungen in der Logistikbranche. Ich erfuhr von den niedrigen Löhnen, der Konkurrenz aus dem Ausland und von der düsteren Zukunftsprognose. «Uns gibt es nicht mehr lange», warf mir ein Fahrer entgegen, «bald fährt hier alles von alleine.»

Digitalisierung war mir ein Begriff. Die Transformation der Industrie war mir natürlich ein Begriff. Ich wusste, dass der technologische Fortschritt zu einer Mechanisierung altbewährter Arbeitsprozesse führen würde. Ich ahnte, dass die digitale Revolution die Wirtschaft so sehr auf den Kopf stellen würde wie zur damaligen Zeit das Zeitalter der Industrialisierung. Und doch hatte ich mir bis zu jenem Trampwettrennen in den Niederlanden kaum Gedanken darüber gemacht, was diese Veränderungen für verschiedene Beteiligte konkret bedeuten würden.

«Ich lerne bereits Fremdsprachen», berichtete einer der Fahrer, «zur Vorbereitung auf das, was nach dem Fahren kommen mag.» – «Meine Kinder sollten sich mit der Ausbildung beeilen», scherzte ein anderer sichtlich bemüht, «allzu lange werde ich sie nicht mehr finanziell unterstützen können.» Ich erschrak ob der neugewonnenen Erkenntnis, dass die speziell für die Logistikbranche angelernten Arbeitnehmer gänzlich umsatteln mussten. Unverschuldet würden sie alle in die Arbeitslosigkeit geraten. Eine Fortsetzung der Laufbahn beim Nachbarunternehmen? Ausgeschlossen – schließlich würde mit der Automatisierung des Fahrbetriebs nahezu der ganze Industriezweig verschwinden und damit auch seine Arbeitsplätze.

Es war dieses Thema, das große Thema Existenz, Abstieg und Aufstieg, das mich zur Union und ihrem christlich-sozialen Arbeitnehmerflügel geführt hatte. Sich und seine Familie verlässlich selbst versorgen zu können, nicht unter prekären Beschäftigungsbedingungen arbeiten zu müssen, vor Armut bewahrt werden, das waren in meinen Augen die wichtigsten Themen in der Mitte der Gesellschaft. Ich selbst war keine Arbeitnehmerin, war bloß Studentin, aber dennoch empfand ich Solidarität mit allen Betroffenen, die neue wirtschaftliche Umbrüche unverschuldet in Schwierigkeiten bringen würden. Zugleich war die politische Auseinandersetzung mit den anstehenden Umbrüchen auch besonders herausfordernd und faszinierend. Während des Studiums in Amsterdam begann ich, mich intensiver mit den verbundenen politischen Fragestellungen zu beschäftigen.

Laut einer Studie der Universität Oxford, «The Future of Employment», sind in den nächsten 15 Jahren 47 Prozent der Arbeitsplätze in den USA durch Automatisierung bedroht. In Deutschland läge der Anteil der Menschen, denen technologisch bedingte Arbeitslosigkeit droht, sogar bei 59 Prozent. In immer mehr Berufsfeldern unterstützen oder ersetzen Maschinen, Roboter und Computerprogramme menschliche Arbeiter. Die Studie wies auf jene Berufe hin, die in den nächsten 20 Jahren wahrscheinlich von Maschinen übernommen werden. So werden beispielsweise Maschineneinrichter – etwa von Fräs- oder Hobelmaschinen – oder die Bediener der Maschinen immer überflüssiger. Berechnungen zufolge haben sie eine 97,9-prozentige Wahrscheinlichkeit, in zwei Jahrzehnten gänzlich durch künstliche Intelligenz ersetzt zu werden. Schon jetzt werden immer mehr Roboter in großen Versandhäusern und Logistikzentren eingesetzt, die sich um die Verpackung und Sendungsvorbereitung von Paketen kümmern. In 20 Jahren werden diese Aufgaben mit 98-prozentiger Wahrscheinlichkeit ausschließlich von Robotern und Maschinen übernommen. Eine ebenfalls 98-prozentige Wahrscheinlichkeit, zukünftig von technischen Hilfsmitteln übernommen zu werden, gilt für die Berufsgruppe der Einkäufer in Unternehmen. Welche Anschaffungen sollen zu welchen Preisen bei welchen Händlern getätigt werden?

Um all das könnten sich bald nur noch Automatismen kümmern. Neu ist das Aufkeimen und Vergehen ganzer Berufszweige allerdings nicht. Das aus dem Altertum entstammende Handwerk des Perückenmachers ging nieder, als die Perücke den Rang eines Kleidungsstücks verlor. Aschenmänner, die die Asche einsammelten, als man in Wien ausschließlich noch mit Holz heizte, gibt es heute ebenfalls nicht mehr. Und um beim Bild der Mobilität zu bleiben: Auch die Fiaker, die damaligen Kutscher, mussten sich nach der Zeit der Kutschen umsehen. Fasszieher, Abtrittanbieter, Laternenträger – technologische Innovation und technischer Fortschritt veränderten Wirtschaft seit eh und je. Heute aber beträfe es Millionen Menschen, die ungelernt keine Alternative besäßen und in Langzeitarbeitslosigkeit geraten würden.

Ich erinnere mich an ein Gespräch mit Papa, als wir mit der Schwebebahn durch Elberfeld fuhren, vorbei an großen Bankgebäuden. Als ich ihn fragte, warum Menschen arbeitslos seien, erläuterte er mir, dass manche Produkte andernorts günstiger hergestellt werden können und Wirtschaft daher abwandere. Ob das mit den Banken auch passieren könne, fragte ich. Papa lachte. «Die brauchen wir immer», antwortete er damals. Irrtum, weiß ich heute. Geld abheben, Überweisungen tätigen, Kontoauszüge abholen, das alles geht einfach und schnell an Geldautomaten oder im Internet. Kein Wunder, dass Mitarbeiter an Bankschaltern immer überflüssiger werden. In 20 Jahren soll es sie laut der Oxford-Analyse mit 98,3-prozentiger Wahrscheinlichkeit nicht mehr geben. Oder Kreditsachbearbeiter: Kredite an den Mann oder die Frau zu bringen, wird zukünftig mit 98,4-prozentiger Wahrscheinlichkeit ebenfalls von Computerprogrammen erledigt werden. Einige Unternehmen nutzen bereits Software, die mit Hilfe eines Algorithmus sichere Kreditnehmer ausmachen kann. Ein ähnliches Bild wird für Steuerberater entworfen: Mit einer Wahrscheinlichkeit von 98,5 Prozent werden Steuerberater in 20 Jahren bereits der Vergangenheit angehören. Unterschiedliche Steuermodelle werden dann nicht mehr vom Menschen durchgerechnet und entwickelt, sondern von Computerprogrammen. Der Abbau dieser Arbeitsplätze trifft gutausgebildete Menschen im mittleren Alter, die keine vergleichbaren Stellen mehr finden werden können. Darum, und nicht aus utopistischen Gründen, ist die Idee eines bedingungslosen Grundeinkommens oder zumindest die Neugestaltung des Arbeitslosengeldes keine unberechtigte. Erwerbsbiographien werden zukünftig allerorts mitten im Leben einbrechen. Darum ist auch eine neue Ausbildungskultur vonnöten, in der nicht nur junge Menschen nach der

Schule für Berufe ausgebildet werden, sondern zugleich Menschen jeden Alters. Ich finde es denkbar, drei Bafög-Stipendien auf Lebenszeit pro Person ausgeben zu können. Die Sicherheit, mit gutem Realschulabschluss und abgeschlossener Lehre ein Leben lang ausgesorgt zu haben, ist passé. Die Wirtschaft wandelt sich, schneller denn je. Deutschland wird seine Arbeitnehmer nur dann vor den Auswirkungen der Disruption schützen können, wenn es ihnen eine zeitgemäße, pragmatische und differenzierte Sozialpolitik als Politik der Befähigung anbieten kann. Im Zuge dieser sich schnell verändernden Wirtschaft muss der Fokus auf Bildung und Weiterbildung liegen.

Die Auswirkungen der Automatisierung bringen weit mehr Herausforderungen als jene, die sich ausschließlich um das Auffangen von Arbeitslosen und das Möglichmachen neuer Arbeitsplätze ranken. Die Abschaffung von Präsenzzeiten, die Entgrenzung der Beschäftigung, die schwindende Bindungskraft der Tarifautonomie fordern ein radikales Umdenken innerhalb der Gewerkschaften, die schon heute erhebliche Mitgliederverluste erleben. Es wäre nötig, den Gesundheits- und Krankheitsbegriff auszuweiten, flexible Arbeit als Fortschritt zu deuten, der allerdings eindeutigen Regeln folgen muss, und Gewerkschaften in neu zu fassenden Zweigen zu gründen, wo man sich nicht auf jahrhundertealte Zünfte berufen kann.

Bereits 2012 las ich davon, dass das Model Sara Ziff in New York die erste Model-Gewerkschaft der Welt gründete, die Model Alliance. Weil das Alter gefragter Models immer jünger wurde, die Bedingungen aber teilweise härter, reichten Selbstverpflichtungen nicht mehr aus. Angesichts neuer Bedingungen von Beschäftigung, beispielsweise der begleitenden PR-Arbeit in den sozialen Medien, die keinen Feierabend kennt, war es nötig, Arbeitnehmerrechte auf Ebene der Selbstorganisation zu stärken.

Angesichts der prognostizierten demographischen Entwicklung, nach der die Menschen immer älter werden und es weniger junge Menschen geben wird, ist auch eine Debatte über die Zukunftsfähigkeit unserer sozialen Sicherungssysteme zwingend notwendig. Eine bloße Verschiebung des Renteneintrittsalters halte ich für zu kurz gegriffen. Stattdessen muss die Qualität von Beschäftigung in den Mittelpunkt der Debatte rücken. Es lohnt sich zu überlegen, wie wir die Lebenserwerbszeit verlängern können und damit einhergehend über ausreichend alters- und alterungsgerechte Beschäftigungsmöglichkeiten verfügen. Für viele Arbeitnehmerinnen und Arbeitnehmer in Berufen mit immensen körperlichen wie psychisch-sozialen Anforderungen stellt das jetzige Renteneintrittsalter bereits eine Zumutung dar. Ein längeres Arbeiten muss also an qualitative Veränderungen der Beschäftigung geknüpft sein. Dies verlangt Flexibilität und Differenzierung von Gesetzgeber und Arbeitsmarkt. Eine Lösung könnte das Arbeitszeitpunktemodell sein, das eine weitere Ausdifferenzierung der Arbeitswelt vorsieht und Arbeitnehmer berufsbegleitend weiterbildet. Aus rüstigen Bauarbeitern mit verletzter Wirbelsäule könnten so Bauarbeiterausbildungsbetreuer werden.

Dass Arbeitnehmer, die im Zuge des Wandels ihre Anstellung verlieren, wieder in Arbeit gebracht werden können, liegt an Politik und Arbeitnehmern, zu einem wesentlichen Teil aber auch an der Wirtschaft selbst. Die deutsche Wirtschaft muss wieder innovativer werden. Sie muss flexibel und pragmatisch sein, Reformgeist besitzen, sich schnell anpassen und neue Geschäftsmodelle entwickeln können. Vor allen Dingen muss gelernt werden, lebenslang lernen zu müssen. Denn hinter jeder Ecke kann das Ende einer Geschäftsidee und damit eines Geschäftsbetriebs wenn nicht gar eines ganzen Industriezweigs lauern. Die Halbwertszeit rentierender Geschäftsideen hat sich verkürzt. Die Wirtschaft ist globalisiert und damit kompetitiver geworden. Marktführer sind heute im Silicon Valley und in China angesiedelt, bald vielleicht schon in Indien und Lateinamerika. Kein Land werden diese Umbrüche so sehr treffen können wie Deutschland, das bereits aus Bismarck'schen Zeiten auf seine Stärken von Planungsvermögen und Organisationskraft gesetzt hat. Das korporatistische Politikmodell der Bundesrepublik war immer schon auf Stabilität und Verlässlichkeit ausgelegt; nicht zuletzt auch durch die Bedeutung der Gewerkschaften und der deutschen Volksparteien. Doch weil der wichtigste Wettbewerbsvorteil der Zukunft Reformfähigkeit heißen wird, muss auch Deutschland pragmatischer und flexibler werden. Für Politik, Gesellschaft und Wirtschaft die wohl größte Herausforderung.

Um Wirtschaft Wirtschaft sein zu lassen, ihr den Raum für Experimente, Tüfteleien, Erfindungen zu geben, ist nichts wichtiger als die Zurückhaltung von Politik, die zwar Grundbedingungen fördern, aber sich nicht in die Entwicklungsprozesse der Wirtschaft einmischen sollte. Längst könnte das Ruhrgebiet

Hochtechnologieland sein, hätte man es nicht überduldsam trockensubventioniert. Subventionen halten Branchen künstlich am Leben. Sie suggerieren Profitabilität, wo der Markt keine mehr hergibt. Sie schaffen Fata Morganen und verzerren das Marktgeschehen. Zugleich hemmen sie ein anderweitiges Tüfteln mit neuen Technologien und lassen uns den Fortschritt verschlafen. Ein Beispiel dafür ist die Abwrackprämie, mit der bestimmte Autos zur unhinterfragten Norm erhoben und gegenüber anderen Verkehrsmitteln bessergestellt wurden. Man sollte sich hier vergegenwärtigen, dass in früheren Zeiten von politischen Experten über die Einführung einer Pferdemiststeuer debattiert wurde, weil der zunehmende Verkehr durch Kutschen zu immer mehr Pferdemist auf den Straßen führen würde. Dass das Automobil das Problem obsolet machen würde, war vom damaligen Standpunkt aus betrachtet nicht vorstellbar. Die technologisch-wirtschaftliche Entwicklung hat die Ausgangssituation, welche die Politik zum Maßstab für ihre Entscheidungen erklärt hat, überholt. Darum ist die Zurückhaltung der Politik in Wirtschaftsfragen so wichtig. Sie kann auf Branchenpotenziale hinweisen und Invesititonshemmnisse abbauen, Infrastruktur ausbauen, Bürokratismus abschaffen, Verwaltung digitalisieren und Unternehmensgründungen fördern, es verbietet sich aber, den Korridor der Ideensuche durch falsche Anreize zu verengen.

Während eines Wirtschaftskongresses lernte ich die Gründer eines jungen erfolgreichen Kölner Rucksackunternehmens kennen. «Unsere größte Stärke war unsere Planlosigkeit», begann Gründer Sven Pink seinen Vortrag zum Thema Transformation der Wirtschaft. Weil sich das Gründerteam von Fond of Bags eben nicht nach altbewährten Maßstäben richtete, die Arbeits- und Fertigungsprozesse der Konkurrenz nicht adaptierte und Gesundheit und Sicherheit neu dachte, waren ihre Rucksäcke nicht vergleichbar gut oder schlecht wie jene der Konkurrenz – sie waren schlicht gänzlich anders und Fond of Bags damit sehr erfolgreich. Jede Innovation sprengt bisherige Maßstäbe, an ihnen orientiert man sich schlicht nicht. Darin liegt das ganze Geheimnis der Innovationskraft: An je mehr politische Regeln Unternehmer sich halten müssen, desto unkreativer, unflexibler und weniger innovativ werden sie in der Entwicklung. Wirtschaft ist schneller als Politik. Darum darf Politik nicht vorangehen. Hier darf gelten: Weniger Politik wagen! Es ist verständlich, dass die Unübersichtlichkeit disruptiver Veränderungen und Wandel das Bedürfnis nach Sicherheit und Zuverlässigkeit stärkt und daraus der Wunsch erwächst, sich am starken Staatssouverän zu orientieren. Diese Verführbarkeit muss aktive Politik ausschlagen – sie muss sich selbst maßregeln und begrenzen. Das ist die wichtigste politische Entscheidung überhaupt – und mit der Grund dafür, warum ich Distanz zu SPD bis Linkspartei spüre. Gerade in der Wirtschaft koordiniert der Markt besser. Politik unterliegt einer permanenten Selbstüberschätzung, Wandel vorherzusehen, überblicken, gar verhindern oder neu schaffen zu können. Daran glaube ich bei demokratischer, also langsamer und geerdeter, Politik schlicht nicht.

Die Potenziale neuer Wirtschaft liegen vor allem im Digitalen. Problematisch ist, dass über Grundfragen des Digitalen keine allgemeinen Konsense gelten. Bereits das Virtual-Reality-Spiel *Pokemon Go!* brachte sämtliche Intellektuellen und Politiker an ihre Grenzen, denn: Fragen des Datenschutzes, von Urheberrechten und weiterem sind niemals von einer aufgeklärten Mitte der Gesellschaft beantwortet worden. Dieser Streit gehört jedoch in die Mitte der Gesellschaft. Er ist nicht in Expertengremien zwischen Juristen und IT-Experten zu entscheiden, weil es um etwas so Essenzielles wie Bürgerrechte und die Frage geht, wie wir uns in Zukunft vergesellschaften wollen. Petra Bahr, Theologin und Landessuperintendentin in der Evangelischen Kirche, kritisierte in diesem Zusammenhang einmal das pseudoreligiöse Verständnis mancher Netzaktivisten: «Offenbar hat sich in der nur vermeintlich schrankenlosen und hierarchiefreien digitalen Gesellschaft längst eine Kerngemeinde gebildet, die die Deutungshoheit über das beansprucht, was in dieser Gesellschaft gelten soll.» Es ist deshalb notwendig, in der digitalen Welt eine «Kultur der Aufklärung» zu etablieren, in der «Chancen und Grenzen, Glück und Gefährdung ohne kulturpessimistische Geste, aber auch ohne visionäre Schönfärberei» thematisiert würden. Wir brauchen nicht nur eine digitale Kultur, wir brauchen dringend eine Kultur des Digitalen.

Pragmatisch sein, sich auf wechselnde Gegebenheiten einstellen können, sich an der Wirklichkeit orientieren, reformfähig bleiben – all das ist die Haltung des Konservativen, der die Entwicklung konstruktiv mitbegleitet, statt revolutionär und reaktionär sein eigenes Weltbild vor die Wirklichkeit zu stellen.

Bricht der Aufruf von «Mehr Experimente wagen» mit Adenauers Bundestagswahlkampfslogan von 1957 «Keine Experimente!»? Nein – weil die konservativen Werte von Stabilität, Sicherheit und Wohlstand gerade dann gefährdet sind, wenn wir auf die wandelnde Umwelt nicht reagieren. Wer Wirtschaft Freiraum zugesteht, kann darauf hoffen, an der Spitze von Innovationsgeist und Investition zu stehen. Der Fortschritt der Zukunft wird insbesondere im digitalen Bereich angesiedelt sein. Aus dem Grund ist es bedeutsam, sämtliche Fragen rund um Digitalität in die Öffentlichkeit zu tragen – denn Themen wie Urheberrechte und Datenschutz betreffen mitnichten nur Experten- und Detaildebatten am Rande, sondern sind wesentlich für die Möglichkeiten der Wohlstandsmehrung innerhalb der deutschen Volkswirtschaft. Der Konservative muss daher, dem Wohlstand des Landes gegenüber verpflichtet, all diesen Fragen gegenüber offen sein. Bewahren wir die Unruhe.

GRENZEN HABEN GRENZEN.
Wie die Globalisierung die Spielregeln verändert

Es hatte nach einem harmlosen Wochenende ausgesehen. Im Saarland, in Hessen und in Rheinland-Pfalz gingen die Ferien zu Ende. Der ADAC warnte vor Staus. Am Freitag gewann die DFB-Elf mit 3:1 gegen Polen – eine willkommene Ablenkung von der sogenannten Flüchtlingskrise, die bereits seit Tagen die Schlagzeilen bestimmte. Zuletzt war ein Foto um die Welt gegangen, das den angespülten Körper eines toten Jungen zeigte. Der Junge, geflüchtet aus Syrien, war an einen Strand in der Türkei angeschwemmt worden. Das Foto zeigte einen leblosen Kinderkörper, halb im Wasser liegend. Auf Twitter hatte dazu eine Nutzerin geschrieben: «Wenn dieses Bild die Welt nicht verändert, haben wir alle versagt.»

In der Nacht auf den 5. September 2015 fiel die Entscheidung, dass die Flüchtlinge, die in Ungarn seit Tagen festsaßen, entgegen der üblichen Regelung, nach Deutschland weiterreisen durften. Mit dieser Entscheidung, die Kritiker als «unrechtmäßige Grenzöffnung» verurteilten, brach sich etwas Bahn, das den Politikbetrieb bis heute dominieren sollte.

Alle glaubten, dass es sich um eine humanitäre Geste handelte, eine einmalige Ausnahme, wie am Samstag aus dem Kanzleramt eilig versichert wurde. So wurde es auch empfunden, und die Stimmung war positiv. Die Grünen-Fraktionschefin Katrin Göring-Eckardt sprach von einem «Septembermärchen». Das *Hamburger Abendblatt* titelte am Montag danach: «Hamburger begrüßen Flüchtlinge mit Applaus». Die Sozialen Netzwerke wurden von Begrüßungsvideos an sämtlichen Bahnhöfen überschwemmt, allen voran von jenem in München.

Von Kontrollverlust oder von einem Dammbruch war zunächst nicht die Rede. Obwohl Kanzleramtschef Peter Altmaier bis heute bestreitet, dass die Ereignisse des 5. Septembers den Flüchtlingsstrom beschleunigt hätten. Doch die Stimmung hat sich gedreht.

Aus den Nachrichten des Tages fiel damals eine sofort heraus: Bayerns Innenminister Joachim Herrmann kritisierte, dass mit dieser Entscheidung das «völlig falsche Signal» ausgesendet worden wäre, die CSU-Führung war in Aufruhr. Der Streit mit der CSU, der bis heute fortwirkt, nahm hier seinen Anfang.

In den Tagen zuvor hatten wir alle im Fernsehen die Nachrichten aus Budapest verfolgt, die Bilder der eingeschlossenen Flüchtlinge gesehen und uns gefragt, wann die Masse eine kritische Größe erreicht – und wann sie sich in Bewegung setzen würde. Im Laufe des Freitags war es dann so weit: Zu Tausenden machten sich die Menschen entlang der Bahngleise und auf der Autobahn zu Fuß auf den Weg. Parallel dazu fuhren die Ungarn sie mit Bussen bis an die Grenze.

Seit jenem Herbst 2015 dominiert kein Thema den öffentlichen Diskurs so sehr wie die Flüchtlingskrise. Die Religion der Flüchtlinge, in den meisten Fällen der Islam, befeuerte eine neue Religionsdebatte. Die Diskussion darüber, was deutsch und was fremd sei, die Fragen von Leitkultur und Integration wurden neu aufgeworfen. Viele Menschen hielten die Grenzöffnung für fatal, für einen eindeutigen Rechtsbruch. Darunter sind auch Teile der CDU, der CSU, konservative Intellektuelle und eine breite Masse der Bevölkerung, die zunehmend nicht nur in Deutschland für rechtspopulistische Parteien votiert und sich rechtsnationalen Bewegungen anschließt. Ihr Frust und ihre Wut entsprangen vornehmlich der Annahme, dass Merkels Grenzöffnung ein Akt der Humanität gewesen sei, zwar eine liebevolle Geste, aber naiv und blind für die Probleme, die diese mit sich bringen würde. Wäre es so, hätten sie alle recht. Es war aber nicht so.

Das ganze Dilemma der sogenannten Flüchtlingskrise bezieht sich nicht auf die hohe Zahl der Flüchtlinge, die die meisten von uns nicht einmal im Alltag bemerken. Sie ist in Wahrheit eine Vertrauens- und Kommunikationskrise, da man die Grundbedingung nationaler Politik gebrochen gefühlt hatte: dass der eigene Staatschef Politik für andere Länder macht, nicht für das eigene. Merkels Entscheidung, die Flüchtlinge an der Grenze passieren zu lassen, war keine rein humanitäre Geste. Wenn es so wäre, dass hinter Merkels Entscheidung, die Grenzen zu öffnen, eine rein humanitäre Motivation stand, hätte das Künstlerkollektiv «Zentrum für politische Schönheit» mit ihrer berühmt gewordenen Aktion recht: Dann könnte man

Flüchtlinge in ihren Heimatdörfern mit Flugzeugen abholen und sie sicher hierherbringen, ohne dass sie den Risiken der Flüchtlingsroute ausgesetzt wären. Sie um ihr Leben laufen zu lassen und die Überlebenden hier herzlich willkommen zu heißen, ist schon eine Farce. Zählte ausschließlich das Humanitäre, sollte uns das Menschenleben hungernder Kinder auf dem afrikanischen Kontinent nicht weniger wert sein als das Leben unzähliger syrischer Kriegsflüchtlinge. Sie alle sind mit der gleichen Menschenwürde ausgestattet; sie alle sind mit den gleichen tödlichen Schicksalen konfrontiert. Merkels Entscheidung zur scheinbaren Grenzöffnung war eine berechnete, rationale und notwendig unsentimentale Entscheidung; eine, die im absoluten Interesse Europas und Deutschlands stand.

Es gibt eine Vielzahl von Ordnungspolitiken, die Menschen anlocken oder abhalten. Die primitivste Art der Ordnung ist das Bauen von Mauern, ein in Stein gemeißeltes Symbol des Verbots, der staatlich angeordneten Trennung. Mauern schaffen mehr Probleme, als sie lösen. Sie rufen getrennte Familien auf die Barrikaden und machen den Trennungsraum der Grenze selbst zum Politikum. Wir Deutschen haben mit unserer Geschichte der leidvollen Trennung und zahlreichen Grenztoten unseren ganz eigenen Blick auf dieses Thema.

Für mich eindeutig und unstrittig ist hingegen, dass die Welt Ordnungspolitiken braucht. Herrschaft funktioniert nicht ohne Souveränität, ohne Handlungsfähigkeit, wie auch der ehemalige Bundesverfassungsrichter Udo di Fabio betonte. Eigensysteme brauchen Autonomie in einem systemerhaltenden Gemeinsinne. Am anschaulichsten ist dies am Beispiel der endlichen Ressourcen und einer Ordnungspolitik durch Preisgestaltung. Will Staatspolitik Menschen vom Tabakkonsum abhalten oder den motorisierten Individualverkehr verringern, so kann sie dies über Preissteuerung, beispielsweise über eine erhöhte Steuer, wohl effektiver, als Zäune um Tabakpflanzen oder Dieselfahrzeuge anzubringen. Bei natürlicher Preisbildung entsteht eine Sphäre individueller Priorisierung.

Ist mir ein ökologischer Obstsaft mehr wert als eine zuckerreiche Limonadenmischung, gebe ich mehr aus. Wenn nicht, dann nicht. Selbstredend ist auch die Preisgestaltung in sich illiberal, aber bei natürlicher Endlichkeit in einem geringstmöglichen Sinne.

Die Globalisierung stellt uns vor die Herausforderung, nationale Systeme vor Überforderung zu bewahren. Darum eignet sich die gegenwärtige Krise von Migration und Asyl wie keine andere dafür, Ordnungspolitik im Lichte der Globalisierung zu betrachten. Die Globalisierung revolutioniert das bisherige Verständnis von Souveränität und Herrschaft, das in einem nationalstaatlichen Gefüge geprägt wurde. Zugleich aber ist in unserer Welt die Ordnungseinheit des Nationalstaates noch immer die wichtigste, daher muss die nationale Handlungsfähigkeit im globalen Kontext gesichert werden. Dafür braucht es ein Denken über Anreize.

Das Öffnen der Flüchtlingsroute symbolisiert nicht mehr, aber auch nicht weniger als das Regieren ohne vollkommene Souveränität – oder anders gesagt: Diese Entscheidung war Ausdruck einer anderen und neuen Souveränität, eine, die eingebettet ist in das Globale. Merkel selbst sprach von einem «Rendezvous mit der Globalisierung». Was wäre die Alternative gewesen? Wenn Deutschland die Flüchtlinge ihrem Schicksal überlassen hätte, hätte es sich selbst eingestehen müssen, dass es sein Gesicht nicht hat wahren können, und es hätte nur noch den Zerfall der Europäischen Union protokollieren können. Natürlich ist es sehr wichtig, dass Politik sich immer darum bemüht, dass es den Menschen besser geht, gerade auch durch ihr humanitäres Engagement. Die Aufnahme der Flüchtlinge ist allerdings nicht mehr als ein Tropfen auf den heißen Stein: Es ist keine langfristige Lösung, Flucht zur Kenntnis nehmend abzunicken.

Ziel in der globalisierten Welt muss sein, weltweit Fluchtursachen zu bekämpfen – sich also für eine nachhaltige und langfristige Lebensqualität einzusetzen. Während einer Delegationsreise nach Israel berichteten mir Mitglieder der israelischen Knesset, dass gerade die zweckgebundene Regionalunterstützung Großbritanniens über viele Jahre vor Ort hilfreich war. Bei internationalen Krisenherden scheint diese Interpretation von subsidiärer Hilfe ein geeignetes Mittel zu sein.

Der Politologe Arnulf Baring konterte in einem öffentlichen Gespräch mit Katrin Göring-Eckardt, die von der Aufnahme aller Flüchtlinge sprach, folgendermaßen: Die Weltbeglückungsneigung sei ihm sehr sympathisch, scheitere aber an den Kapazitäten eines jeden Landes. Wie hoch die Kapazitäten genau seien, und dabei spielten finanzielle Dinge sicher eine weit weniger wichtige Rolle als die Stabilität einer Gesellschaft, könne sich einzig am Regulator der Wahl messen.

Fühlte sich also auch nur ein deutscher Bürger betrogen, weil ihm suggeriert wurde, Merkel handele aus rein humanitärer Motivation, so sei ihm zuzustimmen. Das ganze Verhalten Deutschlands war weniger humanitär motiviert, als dass es die Not der Souveränität im globalisierten Zeitalter ausdrückte – in der EU und in der Welt. Und das passte zur deutschen Christdemokratie, die sich seit ihrer Gründung unter Adenauer bis zur Kanzlerschaft Kohls zu Europa bekannt hatte.

Es hilft, die ganze Problematik mit Abstand zu betrachten, ihre Struktur zu durchschauen. Dazu eignete sich der intellektuelle Schlagabtausch zwischen dem Politikwissenschaftler Herfried Münkler und den Philosophen Peter Sloterdijk und Rüdiger Safranski. Rüdiger Safranski hat in einem Interview mit einer Schweizer Wochenzeitschrift gesagt, dass es Angela Merkel am demokratischen Mandat mangeln würde, «das Land so zu verändern, wie das der Fall ist, wenn binnen kurzem Abermillionen islamische Einwanderer im Land sind». Es folgte eine scharfe Kritik von Herfried Münkler. Doch Safranski wurde sofort von Peter Sloterdijk verteidigt, der in einem Aufmacher in der *Zeit* schrieb, die Öffentlichkeit gleiche einem Pawlow'schen Hund. Sloterdijk und Safranski hatten sich in dieser Weise bereits mehrfach geäußert, was ihnen die Kommentierung einbrachte, sie bei den «Neuen Rechten» zu vermuten. Herfried Münkler diagnostizierte bei beiden ein «Denken in Metaphern», welches sie daran hindere, «analytisch zu durchdringen, worüber sie redeten».

Münkler ist zuzustimmen, weil er die veränderten Bedingungen der Wirklichkeit und Politik wahrlich anerkannt hat.

Im Angesicht der Globalisierung brauchen wir die Einsicht, dass sich wesentliche Prämissen geändert haben. Die Rückwärtsgewandtheit der nationalkonservativen Bewegungen, die Hoffnung auf Verbarrikadierung, gibt keine Lösung für neuartige Probleme – und Migration als solche ist nicht neuartig; sehr wohl aber ihr Erscheinen im globalen Kontext. Wir müssen neue Spielregeln in einer veränderten Situation erfinden. Dazu zählt vor allen Dingen, die Ursachen von Migrationsbewegungen zu bekämpfen und damit die Motive auszuschalten, das eigene Umfeld verlassen zu wollen, eine eindeutige und klare Einwanderungspolitik für Menschen ohne Asylanspruch zu formulieren sowie internationale Abkommen abzuschließen, die keine Eskalationen wie im Herbst 2015 zulassen. Es ist richtig, dass bei alledem die humanitäre Verantwortung Deutschlands und Europas nicht in Vergessenheit geraten sollte. Es fällt in den Verantwortungsbereich der Europäischen Union, eine faire Zusammenarbeit der europäischen Staaten im Hinblick auf Asyl- und Migrationspolitik zu forcieren. Regelungen, die dazu führen, Länder wie Italien oder Griechenland zu überfordern, schaden letztendlich Europa insgesamt. Zugleich können nur Allianzen der Willigen zielführend sein, weil die Blockadehaltung unwilliger Staaten kein Fortschreiten in der Sache möglich macht. Die Haltung der einzelnen europäischen Staaten darf jedoch Konsequenzen nach sich ziehen, nach denen unwilligen Ländern beispielsweise finanzielle Zuwendungen verwehrt werden. Nur eine global gedachte Politik bei aller Berücksichtigung nationaler Egoismen wird fähig sein, auf globale Phänome globale Antworten zu finden.

DIVERSE LEITKULTUR.
Eine Verteidigung der Parallelgesellschaft

Als ich vor zwei Jahren nach Berlin zog, war mir nicht klar, in was für eine Welt ich mich begeben würde. Im Hinterhof eines Kreuzberger Clubs lernte ich mitten in der Nacht unweit des Berliner Ostbahnhofs eine lesbische Veranstalterin kennen, die mich noch in derselben Nacht bei gekühltem Wodka einen Untermietvertrag für eines ihrer WG-Zimmer unterschreiben ließ. Eine Woche später zog ich ein. Wir begossen meinen Einzug in Berliner Clubs. Sie schob mich an sämtlichen Türstehern vorbei in eine mir neue Welt, in der Nacktheit mit der größten Selbstverständlichkeit behandelt wurde, Geschlechter spielerisch interpretiert wurden und der Konsum von gewissen Substanzen als Privatsache galt, obgleich er verboten war.

Die Berliner Liberalität wird nicht öffentlich in der Mitte der Gesellschaft zur Schau gestellt. Sie verbirgt sich in ihren Kellern und befreit sich gerade dadurch von dem Zwang, jeden Rand in die Mitte zu tragen. Berliner Liberalität ist ein akzeptiertes, respektiertes Nebeneinander, eine bunte Wiese statt Monokultur. Sie moralisiert nicht, umerzieht nicht. Sie entfaltet sich erst abseits des Mainstreams in Privatheit. Denn Privatheit muss keinen verhandelten Ansprüchen genügen – außer dem, sich innerhalb des Rechts zu bewegen. So steht der arabische Schwulenclub neben der türkischen Teestube mit Erdogan-Porträt und traditionalistischen Türken, die Karten spielen. Im kosmopolitischen Soho House gibt es längst Unisex Toiletten, die für das unaufgeregte Nebeneinander von Mann und Frau stehen. Im Thaipark im Berliner Westen finden angeheiratete Asiatinnen untereinander Kontakt und ein Stück Zuhause.

Ein Werbeclip der Berliner Verkehrsbetriebe zeigte die ganze Stärke Berlins. «Is mir egal» von dem kürzlich verstorbenen Kazim Akboga aus Neukölln wurde zum Viralhit: «Keine Arbeit – Is mir egal / Keine Geld – Is mir egal / Zweite Mahnung – Is mir egal.» Akboga produzierte zahlreiche Clips zu diesem Leitmotiv. Für die BVG trat er als Kontrolleur in der Tram auf und als Busfahrer, der äußerst tolerant gegenüber dem ist, was die Fahrgäste so in der Bahn anstellen: Zwiebel schneiden – Is mir egal / Käse reiben – Is mir egal. Dass das alles nicht zu den Beförderungsbedingungen der Berliner Verkehrsbetriebe (17 DIN-A4-Seiten) passt – egal, klar. Der U-Bahn-Waggon, gezeigt als Ideal einer freien Gesellschaft, macht die Toleranz zum wichtigsten Grundprinzip. Der Song ist daher im Grunde ein liberalistisches Pamphlet. Der lässige Schaffner gibt den gütigen Herrscher, der weiß, dass das Chaos des menschlichen Alltags nur durch maximale Repressionsfreiheit und minimale Ordnungsstandards (Kauf eines Tickets) bewältigt werden kann. Uninteressiertheit wird zur Haltung erhoben.

In der literarischen Welt ist der portugiesische Dichter Fernando Pessoa ein spannendes Beispiel dafür, wie die Verschiedenartigkeit unterschiedlicher Lebensentwürfe zu einem Ganzen wird. Denn er gebrauchte verschiedene Heteronyme. Somit gab es für ihn keinen moralischen Maßstab oder eine Wahrheit, sondern die Vielfalt und den Reichtum des Lebens. Schrieb Pessoa beispielsweise in einem Werk als bekennender Atheist, verlor er sich in einem anderen als grenzenlos gläubiger Mensch.

In meiner Welt verdichteten sich die Widersprüche zwischen steriler Berliner Regierungswelt, pompöser Westberliner Kunstwelt, der eifernden internationalen Start-up-Szene von Berlin-Mitte, multikulturellen Freundeskreisen und der freizügigen schwul-lesbischen Szene im Berliner Osten. An einem Donnerstagabend tanzte ich mit Drag Queens in Neukölln, nur um mitten in der Nacht bei einem israelischen Freund zu übernachten, von dem aus ich direkt zur Arbeit in den Berliner Reichstag fuhr. Nach Feierabend machte ich nur einen kurzen Zwischenstopp in meiner späteren eigenen Wohnung im multikulturellen Berliner Wedding, nur um pünktlich zur Ausstellungseröffnung bei New Yorker Freunden in Schöneberg zu sein. Zum Abendessen traf ich Unternehmer, von dort aus verabschiedete ich mich in eine Wochenendnacht mit Freunden unter Lampions im Wald. War ich in der Früh noch wach genug und wieder nüchtern, fuhr ich mit dem Wagen meiner Oma nach Brandenburg hinaus: zum Angeln. Welcher Kultur entsprach ich?

Die Idee einer festen, in sich geschlossenen Leitkultur ist unsinnig. Gesellschaft und Kultur erschaffen sich an jedem Tag, auf jedem Quadratmeter in jeder zwischenmenschlichen Begegnung permanent neu. Kulturen sind deshalb nicht eindeutig und objektiv lesbar. Sie sind, was Bedeutsamkeit entfaltet, ohne dass über sie gesprochen werden muss. Galt es früher als hohe Kultur, am 1. Mai gemeinsam zur Gewerkschafterkundgebung zu gehen und den Tag der Arbeit zu begehen, gilt für heutige Jugendliche der Tanz in den Mai als viel eindeutigeres Bild von Ritual und sinnstiftendem Datum. Aus diesem Grund ist es gar nicht möglich, Kultur vollständig und korrekt zu erfassen, zu deuten, umzuleiten. Sie misst sich nicht an Theatern und Opernhäusern, sondern oftmals viel direkter an Tags und Bombings auf Mauern, da Jugendkultur auch über Graffitikunst kommuniziert. Auch innerhalb verschiedener Szenen war Kultur unlesbar, wenn sie sich an bestimmte Empfänger wandte. Was ein Graffitisprüher als *toy* verurteilte, achtete der andere als *toy style*. Die Erwünschtheit oder Unerwünschtheit von Fremdheit, die man selbst nicht verstehen kann, weil einem die Pfadabhängigkeiten fehlen, ist das Gegenteil von Freiheit, das Gegenteil von Pluralismus. Sie verengt und verzwergt reiche Kulturlandschaft auf einen homogenen Leitbegriff.

Die einzige Leitkultur, die sinnig ist, ist das Bekenntnis zur Freiheit, das Bekenntnis zu Pluralismus und Diversität, zu den Grundsätzen von Ordnung bei größtmöglicher individueller Entfaltung. Und darin steckt eine positive Anthropologie, das gute Menschenbild, dass wir darauf vertrauen, dass jede

Gesellschaft erntet, was sie sät, dass sie bekommt, was sie verdient, dass sie sich natürlicherweise für das entscheidet, was ihr am besten tut – auf der Basis der Selbstbestimmung.

Die scheinkonservativen Rufe nach Leitkultur widersprechen dieser Idee von bürgerlicher Liberalität, die die Freiheit der Lebensführung garantiert und sich nicht anmaßt, über das Private zu urteilen. Nur in dieser Liberalität kann Diversität heranwachsen – ein Unterschied, der mich immer schon von linken Parteien trennte, denen ich immer den Zwang zu Konformismus vorwarf.

Und doch ist bei aller Liberalität, welche einen gemeinsamen Wertekanon ablehnt, immer ein Rahmen zu setzen, der Verfassungsfeindliches ablehnt. Die gesellschaftliche Debatte über eine Leitkultur, darüber, was die eigene Kultur eigentlich ausmache, entfachte sich just in dem Moment, als wir mit dem anderen konfrontiert wurden – oder das diffuse Gefühl hatten, dass es geschah. Dies bezog sich in allererster Linie auf Migration aus dem arabisch-muslimischen Raum, aber auch allgemein auf das «Rendezvous mit der Globalisierung».

Neue Erfahrungen mit Mehrfachstaatsbürgerschaften, Einflussnahme durch Auslandsregierungen und auch der Import fremdländischer Konflikte, die auch in nachfolgenden Generationen als Rucksackthemen Teil deutscher Aufgabe werden, brachten tatsächlich neue Phänomene in die globalisierungsunerprobte Nation. Deutschland ist ein Einwanderungsland. Bei aller Vielfalt innerdeutscher Lebensentwürfe überwog in letzter Zeit die Debatte um «fremdländische Kultur» gegenüber «deutscher Kultur». Klassenkämpfe schienen überlagert.

Dabei ist Kultur an sich ein höchst komplexer Begriff und wie unzählige Kulturwissenschaftler gezeigt haben, ein vieldeutiger. So unterliegen Riten, Traditionen oder Umgangsformen nie nur einer einzigen Deutung. Dadurch ist Kultur kein einfach lesbares Konzept und ist auch nicht messbar oder vergleichbar, sondern es ist lediglich möglich, sie zu beschreiben und an geltendem Recht zu messen. So wohnt beispielsweise dem im Westen etablierten Brauch, nach dem Väter ihre Töchter zur Heirat zum neuen Manne führen, der Gedanke inne, dass der Mann die Frau besitzt. Dennoch sagt dieser noch immer gepflegte Brauch wenig über die Rolle und Emanzipation der Frau in der westlichen Welt aus.

Eine über viele Jahre gescheiterte Integrationspolitik hinsichtlich der sogenannten Gastarbeiter, die eben nicht wie neue Deutsche, sondern Gäste behandelt worden sind, zeichnete das Bild von «Multikulti ist gescheitert». Tatsächlich ist der am Anfang dieses Buches gezeigte Gedanke der sechs Augen, der für eine hybride Integrationspolitik steht, vernachlässigt worden. Nämlich neue Deutsche als Deutsche zu behandeln statt sie immerzu zu Gästen zu verzwergen. Das, was ursprünglich Fehler deutscher Politik waren, manifestiert sich heute in Unzufriedenheit und Unmut vieler Emigrierter in Deutschland. Erhöhte Kriminalität, soziale Schieflagen, Clanbildung, gelebte Abkehr und Deutschenfeindlichkeit sind das Resultat. Dabei ist eindeutig: Eine gute Integrations-, Bildungs- und Quartierspolitik sowie ein durchgreifender Rechtsstaat, der, wie die Richterin und Autorin des Buches *Das Ende der Geduld*

Kirsten Heisig es formulierte, das Problem an der Wurzel packe, hätte idyllischere Landschaften hervorgebracht.

«Politik beginnt mit dem Betrachten der Wirklichkeit», hat Kurt Schumacher einmal gesagt. Aus dem Grund nützt auch keine Theorie im luftleeren Raum, sondern nur ein wirklichkeitsbezogenes Weitermachen. Dieses orientiert sich an aktuellen Problemen in sämtliche Richtungen; die eine gibt es nicht. «Ein echter Patriot gibt Sprachunterricht», werden Pegida-Gegner oft zitiert; da ist etwas dran: Merkels Formel «Wir schaffen das» ist zur Haltungsfrage avanciert. Es bleibt erforderlich, Integrationspotenziale und aber auch -kapazitäten realistisch einzuschätzen, finanzielle Ausgaben und Betreuung in sämtlichen Bereichen nicht zu unterschätzen sowie mit gerechter, harter Hand des Rechtsstaates gegen jene vorzugehen, die sich dem deutschen Leitbild in Form eines Verfassungspatriotismus entgegenstellen.

Es ist nicht abzustreiten, dass Menschen, die in anderen Ländern, in Gesellschaften mit anderen kulturellen und religiösen Umfeldern sozialisiert wurden, ihre Prägungen mit nach Deutschland bringen. Hier gilt es, differenziert mit den verschiedenen Migrantengruppen umzugehen, statt mit allgemeinen Generalverdächtigungen daherzukommen. Während eines Clubbesuchs in Neukölln habe ich einen Türsteher eines linken Schwulenclubs kennengelernt, der mit mir über das linke und tolerante Miteinander gesprochen hat. Flüchtlinge hätten kostenlosen Eintritt, schwärmte er im ersten Halbsatz und ergänzte dann: «Das macht uns leider auch Probleme.» Er berichtete weniger von Belästigungen als mehr von Taschendiebstählen und davon, dass schwule und lesbische Besucher, die lieber unter sich bleiben möchten, sich nun fremden Blicken ausgesetzt fühlten und um ihren Schutzraum fürchteten. Wer die Zahlen kennt, wer an Silvester in Köln denkt, darf die Augen nicht davor verschließen, dass es Probleme gibt. Für diese brauchen wir gelassene und adäquate Lösungen – zumeist ohne neue Gesetze, die wie Symbolfeuer brennen, sondern indem die aktuelle Gesetzeslage beharrlich durchgesetzt wird.

In Konfrontation mit Migranten, die bereits seit manchmal mehreren Generationen in Deutschland leben, ist die gleiche Art der Differenzierung notwendig. Ich selbst engagiere mich seit vielen Jahren integrationspolitisch bei der CDU und bin in einem Netzwerk christdemokratischer Migranten aktiv. Daher kenne ich zahlreiche verschiedene Migranten in der CDU. Sie sind alle gut ausgebildet und wirkten auf mich immer liberal. Doch zur Zeit der Armenien-Debatte musste ich diesen Eindruck revidieren: Plötzlich war ich damit konfrontiert, dass eine Vielzahl von illiberalen Erdoganisten, rechtskonservativen und islamistischen Migrantengruppen für eine Politik auf die Straße gingen, die keinem deutschen Maßstab Rechnung trug. Hier erst wurde mir bewusst, mit welcher zweifelhaften Agenda auch mehrere Parteikollegen mit migrantischem Hintergrund taktierten. Im Falle der Armenien-Debatte zeigte sich, dass der Bundestag keine Einmischung in ausländische Politik vollzog, sondern nach Deutschland eingewanderte Türken mit deutscher Gedächtniskultur begegnete, die eben bedeutete, sich des Rucksackthemas der Auseinandersetzung mit dem Völkermord an den Armeniern anzunehmen. Darin steckt ein liberaler und gereifter Zug deutscher Politik – anders als im Angesicht der Erdogan'schen Machtdemonstrationen.

Ende Februar 2017 verschärften sich die Beziehungen zwischen Deutschland und der Türkei, nachdem der Türkei-Korrespondent der *Welt* und Doppelstaatler Deniz Yücel in der Türkei in Gewahrsam genommen wurde. Später steckte man ihn in Untersuchungshaft. Vorwurf: Yücel sei Mitglied einer terroristischen Organisation. Als die großen Solidaritätsbekundungen aus Deutschland mit Wahlkampfauftritten von AKP-Politikern beantwortet wurden, die in Deutschland selbst für ein Ja der hier lebenden Türken werben wollten, das die türkische parlamentarische Demokratie in ein Präsidialsystem umwandelte, war jeder Geduldsfaden gerissen. Die Rufe nach Verboten der Wahlkampfauftritte türkischer Politiker trafen auf einen breiten deutschen Konsens. Wir dürften uns nicht gefallen lassen, ausgerechnet jenen Menschen mit Toleranz zu begegnen, die sich selbst gegen jedwede Toleranz, gegen Grundrechte des freien Wortes, gegen Rechtsstaatlichkeit und Demokratie wandten und für diese Ideen auch noch auf deutschem Boden werben wollten. Da war ich einer Meinung mit allen, und doch glaubte ich nicht daran, dass ein solches Vorgehen Yücel zurückbrachte und Auftrittsverbote türkischer Politiker zur Entspannung der beidseitigen Beziehungen und zur Einhaltung bisher verhandelter Abkommen beitrug, geschweige denn in Deutschland lebende AKP-Sympathisanten vom Automatismus Erdogans überzeugte. Diplomatie denkt vom Ziel her. Nichts ist klüger als die Mittel der Freiheit: Die Lausigkeit der Erdogan'schen Veranstaltungen gegen die Werte, die uns teuer sind, würde gerade dann offenkundig werden, wenn wir keine Angst hätten, sie geschehen zu lassen, wenn wir darauf vertrauten, dass das freie Wort, auch das freie Wort gegen Erdogan, stark genug ist, die bessere Argumentation zu sein.

Ganz im Gegenteil waren alle anderen Verbotsargumentationen bloß schädlich. Wenn tatsächlich keine ausländischen Konflikte auf deutschem Boden ausgetragen werden sollten, erübrigten sich damit auch sämtliche Autokorso-Solidaritätsveranstaltungen für Yücel, dann dürfte niemand gegen die Folterstrafe gegen Ralf Badawi in Saudi-Arabien protestieren, dann sollte auch die Kommentierung Donald Trumps ein Ende finden und genauso die Solidarität mit Israel. Richtig aber ist: Die Welt, in der wir leben, hat aus jedem Deutschen jemanden gemacht, dem der Staat Israel bedeutend sein muss. Der Mensch in globalisierter, fragmentierter und vernetzter Welt, gestern, heute und morgen, kann sich nicht darauf beschränken, dass Kopf, Herz und Hand ausschließlich nationalistisch beherrscht sind. Es ist ein zivilisatorischer Fortschritt, dass er sich als Weltbürger versteht und auch über Nationalgrenzen hinweg innerhalb seines legitimen Rahmens für eine Politik eintritt, die er richtig findet. Es wird nicht möglich sein, angelernte Werte, Überzeugungen und Meinungen per Verbot auszulöschen. Einzig der Rahmen einer kritischen Auseinandersetzung kann formen. Was die Erdogan-Veranstaltungen angeht, sollten Gegendemonstrationen mit einem Vielfachen an Publikum stattfinden. Erst dieses Bild schadet dem Willen des türkischen Präsidenten. Andersherum nutzt er unsere Verbotsmaßnahmen als Pro-Argument innerhalb der Türkei.

Nur dieses liberale Bekenntnis wird dem konservativ denkenden Menschen gerecht. Der konservativ denkende Mensch, so wie ich diese Haltung verstehe, ist nicht hysterisch, seine Haltung ist rational und differenziert. Der konservative Mensch braucht keine Überwachungskultur, sofern sie nichts nützt. Er braucht kein Fremdsprachenverbot auf Demonstrationen, weil Sprache allein wertfrei ist. Im Gegenzug braucht er das Vertrauen in das Grundgesetz und die Härte, den Rechtsstaat durchzusetzen. Kirsten Heisig wies immer wieder auf die mangelnde Strafverfolgung in Berlin hin. Die anscheinend akzeptierte Gewalt, sei es von deutschen Rockerbanden oder von ausländischen Clans, brachte die Mitte in Aufruhr. Doch Law-and-Order-Politik darf nicht nur als Reaktion stattfinden, sondern muss viel früher ansetzen. Eine gute Bildungspolitik darf daher nicht nur auf erstklassige Universitäten setzen, sondern muss auch Möglichkeiten und Betreuungsangebote für Schulabbrecher schaffen, in die bessere Ausstattung von Hauptschulen und in die Vermittlung von Ausbildungsplätzen investieren. Denn Gesetzesübertretung im Sinne von Gewalt, Raub und krimineller Energie entsteht zumeist an Orten der Ödnis und Perspektivlosigkeit.

Es gibt viele Terroranschläge, bei denen man sich noch genau erinnern kann, wo man zu der Zeit, als sie passierten, gewesen ist und was man gerade getan hat. Doch nicht jeder Terroranschlag, seien sie auch gleich grausam, gleich unmenschlich und gleich verabscheuenswürdig, löst bei uns dieselbe persönliche Betroffenheit aus. Die meisten aller Anschläge bekomme ich nicht mit; meine Zeitungen berichten nicht von jeder Autobombe, die in irgendeinem Ort der Welt hochgeht.

Während des Anschlags auf das World Trade Center war ich ein Schulkind. Ich war mit zehn Jahren noch zu jung, um das Ausmaß der Katastrophe zu verstehen. Als Attentäter Paris stürmten, war ich gerade im Liebesurlaub in Rom. Wir gingen mit geteilten Kopfhörern durch die Straßen. Wir bestellten Hauswein, warfen Münzen in Brunnen und liefen am Tiber entlang. Saßen wieder in Cafés und aßen um Mitternacht Pizza. Europa erschien noch immer der nächste Ort zum Himmel zu sein, das fühlte ich nicht nur an jenem Abend. Da vibrierte mein Telefon, Tote, Geiseln, Verletzte überall. Und auf einmal war der Schrecken so nahe. Wir saßen an einem ganz ähnlichen Ort, in einem belebten Ausgehviertel, bloß in einer anderen europäischen Großstadt.

Ein weiterer Anschlag berührte mich sehr – weil er besonders heimtückisch war. Die Schüsse fielen nicht nur in einem Raum für Partys, nicht nur auf der Tanzfläche, nicht nur über Schanktische hinweg, nicht nur an einem Ort ausgelassener Fröhlichkeit. Sie fielen an einem Ort, der eine Art Zuhause ist, ein Zufluchtsort für jene, die draußen in der Wirklichkeit nicht so bestehen können, wie sie wollen, weil sie anders sind als die anderen. Männer, die nicht maskulin genug, Frauen, die nicht feminin genug sind, Männer, die nicht Frauen und Frauen, die nicht Männer lieben wollen – sogar in unangepassten Hauptstädten müssen sie häufig ertragen, dass man sich von ihnen abwendet, dass sie ausgelacht, beschimpft oder bespuckt werden. Gewalt und Provokation sind alltäglich. Orte wie das *Pulse* in Orlando sind nicht nur Orte, an denen es darum geht, andere Gleichgesinnte kennenzulernen. Sie sind auch das Wohnzimmer für politische Aktivisten, die Paraden und Kundgebungen organisieren oder Künstlern eine Bühne geben. Sie geben ein Gefühl der Akzeptanz und Geborgenheit, das viele nicht einmal zu Hause haben. Die Schüsse am 12. Juni 2016 fielen nicht inmitten der Öffentlichkeit, nicht da, wo Patronen jeden treffen können. Sie fielen in einer abgeschiedenen Ecke der Öffentlichkeit, wo sich Bespuckte und Bemitleidete zusammentun, um sich noch mit Stolz in die Augen zu sehen, um vor autoritären Attacken sicher zu sein und einander mit Offenheit und Neugierde, Annahme und Intimität zu begegnen. Das war das Heimtückische, das Meuchlerische, das wirklich Niederträchtige an den Schüssen von Orlando. Und sie machten mich auf sehr persönliche Art und Weise betroffen. Und nicht nur deshalb, weil es ein solcher Club war, in der auch ich Woche für Woche ein und aus ging.

Zur gesamten Gemeinschaft lesbischer, schwuler, bisexueller, transsexueller und queerer Menschen habe ich ein besonders inniges Verhältnis, nicht nur aufgrund eigener Zugehörigkeit. Lange bevor ich entdeckte, dass ich mich in Mädchen verlieben konnte, teilte ich bereits das Unbehagen der Gesellschaft, anders zu sein. Das betraf bei mir die etwas dunklere Hautfarbe, die im Kindergarten auffiel, das schwarze Haar, wegen dessen man mich schief ansah, als ich als Messdienerin die Kirche betrat, es betraf aber auch mein Mädchensein, das ich nicht über eine angeleitete Form der Feminität auslebte, sondern schlicht das auslebte, was aus mir herauswollte. Als Juniordetektiv mit Sherlock-Holmes-Faible kam so im Alter von elf Jahren die Mütze auf meinen Kopf. Das Anderssein setzte sich zunehmend in der Pubertät fort, da alle Mädchen zu Kosmetik und enger Kleidung griffen und ich darin keinen Sinn sehen konnte. Ich blieb, wer ich war, und fühlte doch immer wieder, irgendwie mit mir alleine zu sein.

Später, als ich Angehörige der LGBTQ-Community kennenlernte und diese mir von teils verstörenden Erfahrungen schon zu Schulzeiten berichteten, von Gewalt, Demütigung und Ablehnung, begriff ich dieses Feld der Identitätspolitik, des Einsatzes für Minderheitenrechte auch als eigenes politisches Thema. Gleichgeschlechtliche Liebe darf nicht in Räume für Gleichgeschlechtlichkeit ausgelagert werden. Das Bekenntnis zu Gleichgeschlechtlichkeit, der Respekt für Homosexuelle, die Solidarität mit allen Minderheiten gehören nicht nur auf Kampagnenplakate, auf Pride-Bühnen und in Homo-Bars – sie gehören stolz und sicher auf die Straße, in die Öffentlichkeit und in den Mainstream. Denn sie sind nicht nur Sub- und Popkultur, Szene und Parallelgesellschaft; sie sind Menschen, die deshalb in den Untergrund flüchten, weil ihr normales, natürliches Sein an der Oberfläche bloß Ablehnung erfährt.

Kein Thema kann so wichtig sein wie das der Identität. Dazu gehört das Verständnis von Geschlecht, wie dieses ausgedrückt wird, und das von Sexualität. Politikern wie Günther Oettinger, die sich über die Priorisierung der «Homo-Ehe» echauffieren, kann ich nur sagen, dass das Thema zu Recht auf der Agenda steht und mit gutem Grund auch von der Mehrheit der Bevölkerung bejaht wird. Zuletzt von 83 Prozent aller Deutschen. Denn für Homosexuelle ist die Frage nach gleichberechtigter und wertgeschätzter Partnerschaft von existenzieller Bedeutung.

Zwar wird die CDU immer liberaler, und immer mehr Linke liebäugeln mit der Wahl Merkels, doch insbesondere im Bereich der Gleichstellung und der Achtung von Minderheitenrechten ist die CDU rückwärtsgewandt. Humorvoll beschrieb kürzlich eine Glosse in der *New York Times*, wie in Deutschland zwei Linke in einem Bio-Supermarkt aufeinandertreffen und sich gegenseitig gestehen, dass sie Merkel wählen wollen. Der Witz wird von zahlreichen US-amerikanischen Blättern aufgegriffen, steht er doch symptomatisch für die Neuerfindung des Konservativen in Europa. Einschätzungen dieser Art bestätigen, dass der liberale und reformfähige Politikkurs der CDU richtig ist, und zeigen, dass es möglich ist, gültige Werte zeitgemäß zu übersetzen und damit ganz nah an einer dynamischen, offenen Gesellschaft dranzubleiben. Was die CDU starkmacht, ist ihr langwieriger Prozess des Verhandelns von sich dynamisch entwickelnden, gesellschaftlich verankerten Standpunkten – was sie oftmals auch langsam erscheinen lässt, dafür aber umso tragfähiger, gewissenhafter und glaubwürdiger macht.

Zugleich weiß ich aber auch: Wenn die Günther Oettingers dieser Welt lautstark behaupten, dass Minderheitenrechte, eine zugewandte Identitätspolitik und die Gewährleistung wirklich gleicher Rechte für die gesamte LGBTQ-Community keinerlei Gehör verdienten, wird es sehr schwer sein, betroffene Minderheitenangehörige von der Parteiarbeit zu überzeugen. 100 gute Positionen in 100 wichtigen Politikfeldern sind nicht genug, wenn sich eine Partei gegen den Kern meiner Identität und den Kern meines privaten Lebensentwurfes wendet – so habe ich es von vielen gehört.

Dabei ist die konservative Ablehnungspolitik auch darüber hinaus fatal: Eine von der Antidiskriminierungsstelle des Bundes in Auftrag gegebene repräsentative Umfrage aus dem Januar 2017 kommt zu dem Ergebnis, dass eine große Mehrheit der Menschen in Deutschland findet, dass Lesben, Schwule und Bisexuelle in der Bundesrepublik diskriminiert werden, und spricht sich für ihre rechtliche Gleichstellung aus. Dazu zählt auch das Ja zur «Ehe für alle». Der schönste Sinn von Demokratie bewahrheitet sich immer dann, wenn Mehrheiten nicht nur aus Eigeninteresse für eine eigene Agenda stimmen, sondern aus Gerechtigkeitsüberzeugung für eine Agenda derjenigen, die zahlenmäßig in der Minderheit und dadurch politisch schwächer sind. Es sind also mehr als bloß die betroffenen Minderheiten, die die CDU noch immer für unwählbar halten – aus Gründen, die ich leider nachvollziehen kann.

In einem Gastbeitrag für das feministische, freie und lesbische Frauenmagazin *Libertine* plädierte ich für ein christlich-konservatives Ja zur Öffnung der Ehe. Denn aus meiner Sicht wohnt dem Projekt der Öffnung der Ehe, auch dem Adoptionsrecht für homosexuelle Paare, das Potenzial einer vollumfänglichen konservativen Argumentation inne. Und so hat die Debatte um die Öffnung der Ehe für gleichgeschlechtliche Paare auch erneut an Fahrt aufgenommen. Das Ja der Iren zur Homo-Ehe per Volksentscheid und die Bestätigung des in der Verfassung garantierten Rechts auf gleichgeschlechtliche Eheschließung in einem Urteil des *Supreme Courts* in den USA im Sommer 2015 haben weltweit für Aufsehen gesorgt. Während sich das Weiße Haus anlässlich des «Liebessiegs» (#lovewins) stolz-berauscht in Regenbogenpracht präsentierte, zeigte man sich in Vatikankreisen wehklagend bis erzürnt. Kardinalstaatssekretär Pietro Parolin bezeichnete die 2015 getroffenen Entscheidungen gar als «Niederlage für die Menschheit».

Auch die deutsche Politik tat und tut sich schwer. Leider ist mit der Gleichstellung der homosexuellen Lebenspartnerschaft mit der heterosexuellen Ehe noch nicht zu rechnen.

Dabei täte der moderne Antreiber Europas gut daran, sich des eindeutigen Votums der Mehrheit der deutschen Bevölkerung und der Fortschrittsbewegung der westlich-liberalen Wertegemeinschaft anzuschließen. Wie die genannten Beispiele und andere Länder zeigen, ist die institutionelle Ungleichbehandlung durch den weltanschaulich neutralen Staat ohnedies nicht mehr lange zu halten. Im Gegenteil: Die Zurückhaltung des deutschen Parlaments blamiert die rechtsstaatliche Legislativmacht. Regierungssprecher Steffen Seibert verpflichtete die Bundesregierung nach Bekanntwerden des Urteils des US-amerikanischen obersten Gerichtshofes, die Benachteiligungen von Homosexuellen in allen Lebensbereichen aufzuheben. Doch die Bundesregierung konnte sich noch nicht zur Öffnung der Ehe für gleichgeschlechtliche Partnerschaften durchringen: Da bestehe kein Handlungsbedarf. Verschiedenes müsse verschieden heißen, erklärte man in einer Bundespressekonferenz. Dabei führen Befürworter und Gegner in der Frage um die Öffnung der Ehe schon lange keine semantische Debatte mehr. Der besondere Schutz der Ehe durch die deutsche Verfassung hebt die heterosexuelle Ehe über die homosexuelle Lebenspartnerschaft. Nur mit der Öffnung des Ehebegriffs würde die vollständige rechtliche Gleichstellung gelingen. Die Verweigerung des traditionsreichen Ehekonzeptes für gleichgeschlechtliche Partnerschaften steht hingegen weiterhin auch für eine kulturelle Ungleichbehandlung.

Wenn traditionell der progressiven Linken zugeschrieben wird, die Libertinage zu befürworten, stehen die Konservativen für Bindung und Beständigkeit. Doch wenn das so ist, warum erklingt die Forderung nach der Öffnung der Ehe dann nicht am hörbarsten aus christlich-konservativen Kreisen? Schon der ehemalige britische Premierminister David Cameron entdeckte das Projekt für sich: «Ja, es geht um Gleichberechtigung, aber es geht auch um etwas anderes: sich zu verpflichten. Konservative glauben an Bande, die uns verbinden; daran, dass die Gesellschaft stärker ist, wenn wir einander Versprechen abgeben und uns gegenseitig unterstützen. Deshalb unterstütze ich die Homo-Ehe: Nicht, obwohl ich ein Konservativer bin. Ich unterstütze die Homo-Ehe, weil ich ein Konservativer bin.» Auch der schwule CDU-Politiker Jens Spahn kommentierte das Dagegenhalten seiner Partei: «Wir Konservative haben einen Kulturkampf gewonnen und merken es nicht.» Die Ehe als Sehnsuchtsort und Erfahrungsraum für rechtlich verbindliche Verantwortung ist ein urkonservatives Ideal. Dass dieses von Schwulen und Lesben geteilt und gewollt wird, ist nichts anderes als ein konservativer Kultursieg, einer, den alle Konservativen begrüßen sollten. In einer Zeit zunehmender Bindungslosigkeit, schneller Veränderung und Unübersichtlichkeit ist die Förderung von Verantwortungsgemeinschaft als Rückzugsort wichtiger denn je geworden. Sie bringt herausgeforderten Menschen Stabilität und Sicherheit.

Die Ehe für alle wird kommen. Bereits in mehreren Urteilen deutete das Bundesverfassungsgericht die Stoßrichtung an: Diskriminierungen gegenüber gleichgeschlechtlichen Partnerschaften sind verfassungswidrig. «Es ist verfassungsrechtlich nicht begründbar, aus dem besonderen Schutz der Ehe abzuleiten, dass andere Lebensgemeinschaften im Abstand zur Ehe

auszugestalten und mit geringeren Rechten zu versehen sind»,
heißt es in einem 2009 veröffentlichten Beschluss. Für den
israelischen Philosophen Avischai Margalit gründet die best-
mögliche Gesellschaft, die anständige nämlich, auf Institutionen, die nicht demütigen. Der weltanschaulich neutrale Staat
darf moralistischen Verführungen, die zu Auf- und Abwertungen einzelner Lebensentwürfe führen, nicht stattgeben. Nicht
die Gleichbehandlung darf zum Gegenstand einer Rechtferti-
gungsdebatte werden; die Ungleichbehandlung muss es.

Das, was die Öffnung der Ehe bisweilen immer noch ver-
zögert, sind parteipolitisches Machtkalkül und unhaltbare
Argumentationen gerade aus dem christlich-konservativen
Milieu. Die Politik macht in der Frage um die rechtliche Gleichstellung gleichgeschlechtlicher Partnerschaften leider keine
glückliche Figur. Politisch sein hieße, visionär voranzugehen,
statt sich von Gerichten verpflichten zu lassen. Der Christ und
Christdemokrat in mir kann sie nur wollen. Er will sie stolz-
berauscht wie nüchtern-klar, er will sie mit Haltung. Das Nein,
die Zweifel, die Zurückhaltung der CDU – sie sind für mich ein
verschlafener Sieg.

Während sich Hillary Clinton im Wahlkampf für die Homo-Ehe
aussprach, hat der Wahlsieger Donald Trump immer wieder
dagegen gewettert. Wie passt dies in eine Zeit, da der Ruf nach
Diversität populärer denn je ist?

In einer Folge der US-amerikanischen Fernsehserie «Gilmore Girls» verfasst eine der Hauptfiguren, die Yale-Studentin
und angehende Journalistin Rory Gilmore, einen Zeitungsarti-

kel über eine Cocktailparty, die ihr fester Freund Logan Huntz-berger ausgerichtet hat. Huntzberger ist der Sohn eines Medien-magnaten und mit goldenem Löffel im Mund geboren. In jenem Artikel macht sich Gilmore über Huntzbergers soziales Umfeld lustig, eine versnobte, unreflektierte Gesellschaft. Dieser raunt ihr schließlich entgegen, dass es bei ihr nicht anders sei, da sie es unter ähnlichen Umständen zum Aufstieg nach Yale gebracht hat – über ein privates Stipendium der Großeltern. Gilmore sieht sich mit einer Glaubwürdigkeitskrise konfrontiert.

Nach der Niederlage Hillary Clintons bei der letztjährigen Präsidentschaftswahl war ihr Ähnliches vorgeworfen worden: Die überprivilegierte wohlhabende Weiße mit Präsidentengat-ten eigne sich nicht als Identifikationsfigur für Minderheiten. Ihre Glaubwürdigkeit wurde in Frage gestellt. Eine knappe Mehrzahl der weiblichen weißen US-Wählerinnen votierte für den Gegner Donald Trump, der in den Medien mit frauen-verachtenden Sprüchen Aufmerksamkeit erregte, rassistische Vorurteile nährte und sich in übelster Weise über Behinderte lustig machte. Ein Bernie Sanders als Herausforderer Trumps hätte Erfolg gehabt, sagten im Nachhinein zahlreiche Kom-mentatoren. Doch ist die Möglichkeit zur Identifikation, im weitesten Sinne die Glaubwürdigkeit, tatsächlich so ausschlag-gebend? Die Rufe nach Bernie Sanders sprechen dafür, dass er für den glaubwürdigeren Kandidaten als die wohlhabende Hillary Clinton gehalten wurde. Und doch ist der Gedanke zu beschränkt, dass Personen ausschließlich durch ihre eigenen Attribute Glaubwürdigkeit besitzen würden. Das schmälert den Menschen. Es degradiert ihn zu einem Träger von Attributen.

Vor einigen Jahren widmete die ARD ihre Sendungen eine Woche lang dem Thema Toleranz. Spielfilme, Talkrunden, Reportagen, Dokumentationen. Im Vorfeld der Woche warb der Sender mit großflächigen Plakaten an Bushaltestellen und Mauern. Auf ihnen waren Behinderte, Schwarze und Homosexuelle abgebildet – sie alle waren motivisch auf den Plakaten gebrandmarkt. Das Ziel der ARD war ehrenvoll, man wollte Ressentiments abbauen und Toleranz schaffen; jedoch führte das Zeigen der genannten Minderheitengruppen dazu, dass das andere als Andersartigkeit manifestiert wurde. Es erzeugte neue Abspaltung, verfestigte Opferrollen und Hierarchien und gab allein schon in der verwendeten Rhetorik keinen Raum für Selbstverständlichkeit.

Der US-Wahlkampf war von einer Schlammschlacht auf der einen Seite und großem Pathos auf der anderen Seite gekennzeichnet. Feministinnenchöre stilisierten Clinton zur Ikone herauf und beschworen, die erste Präsidentin in der Geschichte der Vereinigten Staaten von Amerika zu wählen. Und die politische Agenda Clintons griff jenes Pathos auf. Sie personalisierte ihren Wahlkampf bis aufs Letzte, postete Kommentare und Fotos aus ihrer Kindheit, stilisierte sich zur Frau, die für Frauen kämpfen wollte. In Reden hielt sie Plädoyers für Geschlechtergerechtigkeit, motivierte junge Mädchen und bekam Schützenhilfe von Amerikas Darling Michelle Obama, deren Reden Trumps Frauenverachtung bloßstellten wie keine andere. Doch all das nutzte nichts. Wer Frauen nur als Frauen und Mädchen nur als Mädchen, wer Minderheiten als Minderheiten adressiert, der wird einem liberalen und allumfassenden Bild eines Menschen nicht gerecht. Denn jede Frau ist auch eine datensensible Bürgerin, ängstliche Arbeitnehmerin oder im Stich gelassene Arbeitslose.

Wir überwinden diese Grabenkämpfe, wenn wir uns wieder darauf besinnen, was uns vereint: Der Klassenkampf. So redet auch Sanders, denn er will ja eben als guter Konservativer auf was anderes hinaus: auf die Rückkehr zum wahren Liberalismus à la Roosevelt. Dieser fühlt sich der Idee der Identität im Sinne von der Macht und dem Recht des Einzelnen verpflichtet – aber eben immer gedacht in der Gemeinschaft.

«Ich will eine Kampflesbe als Präsidentin. Ich will jemanden mit Aids als Präsidenten. Ich will eine Schwuchtel als Vizepräsidenten. Ich will jemanden ohne Krankenversicherung, jemanden, der an einem vergifteten Ort aufgewachsen ist, an dem er krank geworden ist. Ich will einen Präsidenten, der eine Abtreibung mit 16 hatte», schrieb die US-amerikanische Künstlerin Zoe Leonard bereits 1992 in ihrem Artwork «I want a dyke for president». An Aktualität hat das Gedicht nichts eingebüßt. So ist auch zu erklären, warum es zur Hohezeit des US-amerikanischen Präsidentschaftswahlkampfes im Herbst vergangenen Jahres in den USA Teil einer urbanen Installation war. Auch eine Video-Performance fand zur Zeit des US-Wahlkampfes Eingang in die Öffentlichkeit. Leonard bricht Diversität und Identitätspolitik gegen zwei schrille Positionen auf ein einfaches Credo herunter: Sie wendet sich sowohl gegen jene, die behaupten, Diversität und Identitätspolitik seien ausschließlich Privatsache, da Leonard nachweist, wie politisch die gerechte repräsentative Darstellung und Beteiligung aller in der Demokratie ist. Und sie wendet sich gegen extreme Liberals, die über Separatismen neue Fronten hochziehen. Darin liegt das Paradoxon der Identitätspolitik.

WENIGER PATHOS WAGEN!
Zurück zur Idee der europäischen Kooperation

Die Rechten in Europa sind auf dem Vormarsch. Beflügelt vom Brexit-Votum und von Donald Trumps Wahlsieg sehen sie ihre Chancen steigen. Auf einer AfD-Demonstration in Magdeburg am 9. November 2016, dem Tag von Trumps Triumph, jubelte die AfD-Europaabgeordnete Beatrix von Storch: «Wir sehen, man kann etwas verändern. Wir können die Welt aus den Angeln heben oder aber auch die Welt vom Kopf auf die Füße stellen.» Nichts weniger als «die Welt aus den Angeln heben» – das klingt nach Systemveränderung, nach Umsturz, zumindest nach einem politischen Erdbeben. Zwar war wenige Stunden lang aufatmen angesagt, als bei der wiederholten Bundespräsidentschaftswahl in Österreich am 4. Dezember 2016 Alexander Van der Bellen über den FPÖ-Kandidaten Norbert Hofer triumphierte, jedoch stehen 46 Prozent für Hofer eben noch immer für den rasanten Aufstieg der FPÖ, und auch Matteo Renzi stürzte sogleich beim Verfassungsreferendum in Italien. Dass bei den niederländischen Parlamentswahlen im März 2017 der rechtspopulistische Geert Wilders zwar nicht auf

Rang eins, dafür aber auf Rang zwei folgte, bewies ebenfalls keine Abkehr vom Populismus. Auf Twitter machte ein Foto die Runde, das Renzi, Hollande, Obama, Cameron und Merkel zeigte. Die ersten vier winkten wie beim Abschied, Merkel lächelte mit Raute-Pose. «Last woman standing», kommentierten die Twitter-Nutzer.

Der internationale Aufstieg der Rechten zeigt, dass nicht nur nationale Versäumnisse vorliegen. Er widerlegt gar die These, eine angebliche Sozialdemokratisierung der Union habe erst den Weg für etwas Schein-Konservatives rechts von ihr ermöglicht. Beispiele aus dem Ausland zeigen, dass auch konservative Parteien ohne Modernisierungskurs mit der gleichen Konkurrenz von rechts zu kämpfen haben. Zugleich ist jene These auch deshalb falsch, weil die Positionierungen der Rechtspopulisten selten konservativ, sondern zumeist reaktionär sind – und darum auch leicht mit jenen der Linksparteien zu verwechseln sind. Der internationale Aufstieg der Rechten bezeugt jedoch auch eine neue Stärke: Sie sind nicht mehr Underdog, sie mobilisieren und professionalisieren sich. Ihre neue Stärke lässt sie über alle Grenzen hinweg zusammenrücken, während nationale Befindlichkeiten in den Hintergrund treten. Die rechten Parteien zelebrieren ihre Gemeinsamkeiten ohne Scheu. Sie treffen sich nicht mehr in Hinterzimmern, sondern in der Öffentlichkeit vor einem Dutzend Kameras. Der ehemalige UKIP-Vorsitzende Nigel Farage gratuliert Donald Trump, AfD-Chefin Frauke Petry spricht mit FPÖ-Chef Heinz-Christian Strache auf der Zugspitze. Und auch im EU-Parlament ist sich die Rechte in der Fraktion «Europa der Nationen und der Freiheit» näher gekommen. Seit Mai 2016 gehört ihr auch der AfD-Europaabgeordnete Marcus Pretzell an. Er ist damit eng mit der österreichischen FPÖ, dem französischen Front National, der italienischen Lega Nord und der niederländischen Partei für die Freiheit von Geert Wilders verbunden, inklusive gemeinsamer Pressekonferenzen.

Die rechten Parteien sind sich einig in ihrer Ablehnung der Europäischen Union und der pluralistischen Gesellschaft, sie positionieren sich gegen den Islam und lehnen das Konzept von Gender und Gleichberechtigung ab. In Deutschland orientieren sie sich ideologisch an den antiliberalen und antidemokratischen Ideen der sogenannten Konservativen Revolution aus der Zeit der Weimarer Republik. Auch prorussische Positionen spielen eine große Rolle, der französische Front National wird sogar aus Russland mit einem Millionenkredit finanziert. SPD-Fraktionschef Thomas Oppermann glaubt, «dass die rechts-nationalistischen Parteien in Europa Wladimir Putin verehren, weil er als starker Mann einen autoritären Führungsanspruch vorgibt». Genau das wollten die Rechten. «Sie verachten die liberale Demokratie mit Minderheitenschutz und Meinungsvielfalt und einer offenen Gesellschaft.»

Bei mir war es ihre europakritische Haltung, anhand derer ich anfing, das Aufkommen der Rechtspopulisten wahrzunehmen. Und ich folgte damals der gängigen Auffassung, dass man Rechtspopulisten, die mit EU-Skeptizismus von sich reden machen, eine noch stärkere Pro-EU-Position entgegensetzen müsste. Bis heute weiß ich nicht, was in mich gefahren war, auf Kritik mit dem Negieren der Kritik und dem unkritischen Bekennen zum Kritisierten zu reagieren. Auf das fehlende europäische Identitätsgefühl, auf die Europäisierung nationaler Politiken und auf den Einwand, dass das Subsidaritätsprinzip nicht gewahrt werde, entgegnete ich ein «Jetzt erst recht!» und tat somit das, was viele taten – und noch bis heute tun.

Es war einer meiner ersten öffentlichen Auftritte überhaupt, bei dem ich vor elitärem Publikum im Atrium Unter den Linden bei der Deutschen Bank diskutierte. Einmal im Jahr lädt die Alfred Herrhausen Gesellschaft, das Internationale Forum der Deutschen Bank, zu einer Konferenz mit dem Titel «Denk ich an Deutschland», bei der über das politische Tagesgeschehen hinausgeblickt werden soll. Ich, die sich zuvor am Zukunftsmanifest beteiligt hatte, einem überparteilichen Manifest für generationengerechte Politik, das in der *Zeit* abgedruckt wurde, sollte im Nachmittagspanel das Manifest mitdiskutieren. Mein Part war, über die Zukunft Europas zu reden. Ich sprach euphorisch von der europäischen Idee und dass es schlicht so sein müsse, Europa als eines und Gemeinsames zu begreifen. Ich beschwor die europäischen Werte, die wir freilich auch mit Ländern wie Kanada und Neuseeland teilten, und schloss daraus, dass es rückständig sei, sich auf Nationen zurückzubesinnen. Die Supermacht Europa, die Vereinten Nationen von Europa, waren für mich der nächstlogische Schritt. Als Arnulf Baring nach meiner Rede im Publikum aufstand und liebevoll entgegnete, dass er ja nicht paternalistisch sein wolle, doch müsste er kundtun, was andere Nationen auch fühlen: Wir sind mehr als nur ein Europa. Daraufhin war ich auf seltsame Art und Weise erbost: Da sprach mir jemand ab, Kind Europas zu sein, so wie ich es doch fühlte. Und ich merkte nicht, wie ich etwas viel mehr wollte, als es eigentlich da war. Barings Widerrede ließ ich mit dem Argument abprallen, das alle Pro-Unionisten benutzten: Dass wir als Volk mit 82 Millionen Einwohnern in dieser Welt untergehen würden, aber mit 500 Millionen Maßstäbe setzen und Richtungen weisen könnten. Es wäre in unserem eigenen nationalen Interesse, sich supranational zu Kooperationen zusammenzutun.

Ich war so stolz auf diese Diskussion, dass ich fröhlich von ihr berichtete und sie auf den sozialen Kanälen als Aufruf zu einem Europa, «das begeistert», teilte. Doch je intensiver ich mich auch mit den Kritikern der EU beschäftigte, ja, auch mit jenen, die nun als Rechtspopulisten gelten, erkannte ich eine sehr legitime Argumentation. Sie alle beklagten nicht die Möglichkeit zur Kooperation, die Europa stärker machen sollte, sondern oftmals ausschließlich den Zwang zu Harmonisierung. Die Europäische Union ist der Illusion erlegen, dass die europäischen Nationen in ihren Bedürfnissen und Ansprüchen an die EU homogen seien. Sosehr ich es mir auch wünschte, Politik beginnt damit, die Wirklichkeit zu erkennen, und nicht etwas herbeizusehnen, was nicht ist. Und ich war ignorant gegenüber Ländern wie Ungarn und Bulgarien, die, so nüchtern musste man es sehen, sich schlicht nicht mit den liberalen Werten Europas identifizierten. 500 Millionen Menschen unter ein Dach zu bekommen, kann nur einen kontroversen, vielstimmigen Streit über alles bedeuten; auf keinen Fall aber das hörige Abnicken eines in Brüssel und Straßburg ansässigen Regierungsclusters.

Zahlreiche Umfragen bestätigen, dass die Identifikation mit der EU europaweit gering ausfällt. In Deutschland ist sie demnach noch am höchsten. Dies hatte auch Baring betont und darauf hingewiesen, dass die deutsche Geschichte für eine gewisse Sehnsucht mitverantwortlich sein könnte, nicht nur Deutscher zu sein, sondern Teil von etwas sein zu dürfen, das einen mit mehr Stolz erfüllt. Doch insgesamt werden die Institutionen der Europäischen Union und die politischen Prozesse in Brüssel als unübersichtlich, ineffizient und wirkungslos wahrgenommen. Die europäischen Bürger beklagen ein vielschichtiges Demokratie- und Öffentlichkeitsdefizit. Trotz der stetigen Ausweitung der Kompetenzen des Europäischen Parlamentes sinkt die Beteiligung an Europawahlen kontinuierlich. 2009 nutzten nur 43 Prozent der EU-Bürger ihre Stimme, um Repräsentanten in das Europäische Parlament zu wählen. Dies war der niedrigste Wert seit Einführung der Europawahl. Europas Bürger entziehen der Europäischen Union somit die demokratische Legitimation, und niemand will es wahrhaben.

Auf der Alfred-Herrhausen-Konferenz hatte ich mich auf Maßnahmen konzentriert, die das europäische Identitätsgefühl steigern sollten. Das selbst widersprach jedweder Logik von Demokratie: statt eine Politik auf Basis dessen fortzuführen, was gegeben ist, wollte ich eine Politik installieren, die bloß mein eigenes Ziel verfolgte, in diesem Fall eine eindeutige Identifikation mit Europa. Ich stritt für «Mehr Demokratie wagen!» und eine echte demokratische Rückkopplung der EU-Institutionen an die europäische Gemeinschaft. Das umfasste eine Stärkung des EU-Parlaments, das das legislative Initiativrecht sowie das Letztentscheidungsrecht über Gesetze besitzen sollte. Auch die Europäische Kommission sollte neu strukturiert werden. Die EU-Kommissare könnten über das Europäische Parlament eingesetzt, der Kommissionspräsident direkt gewählt werden.

Später einmal, als ich den Europa-Abgeordneten Herbert Reul traf und die Frage stellte, ob sich die EU-Skeptiker vielleicht gar nicht gegen die europäische Idee als solche wandten und auch nicht die Politik der EU in Frage stellten, sondern die Architektur der EU selbst, schwieg dieser erst einmal. «Europa ist ein Pilotprojekt, so etwas hat es zuvor noch nicht gegeben», sagte er daraufhin und schwieg weiter. Doch genau weil Europa ein Pilotprojekt ist, müsste es doch die Offenheit und Reformfähigkeit besitzen, sich immerzu zu überprüfen und zu verbessern. Stattdessen werden Krisen mit horrenden Kosten für Mitgliedsstaaten ausgebügelt; Krisen, die bereits bei Schaffung der EU durch eine verfehlte Politik der Währungsunion absehbar gewesen sind. Damit sich jene Krisen nicht wiederholen, wäre es dringend notwendig, die Architektur selbst auf den Kopf zu stellen. Dafür tritt aber keine EU-Partei ein. Darum war das Aufbegehren der EU-Skeptiker, die eine Reform der EU vorschlugen, der demokratisch genau richtige Weg.

War mein Vorschlag der Demokratisierung der Europäischen Union und der Umstrukturierung ihrer Institutionen ein guter Vorschlag gewesen, dem ich noch heute vollends beipflichte, waren alle meine anderen vorgeschlagenen Empfehlungen bloß Trostpflaster, die im Grunde sogar schadeten, weil sie über die wirklichen Probleme hinwegzutäuschen versuchten. Zwei Mitdiskutanten, die ebenfalls Autoren des Zukunftsmanifests waren, kämpfen heute für die Idee des «Free Interrail», dem bereits die Zusage für ein Pilotprojekt in Höhe von vielen Millionen Euro vorliegt. Die Idee ist, dass 18-Jährige zum Geburtstag ein kostenfreies europäisches Zugticket erhalten, mit dem sie Europa erleben und damit die Identität Europas entdecken können. Vor drei Jahren wäre ich genauso enthusiastisch gewesen. Heute halte ich die Idee für eine nette, sicher auch eine der besseren der EU insgesamt, jedoch für fatal in der Hinsicht, dass die wirkliche Problemauseinandersetzung damit nur weiter verschleppt wird. Skeptische EU-Bürger werden sich dadurch nur bestätigt fühlen, dass man sich mit ihren Argumenten nicht sachlich und fair auseinandersetzt, sie nicht ernst nimmt und stattdessen versucht, sie mit einem Gefühl von Enthusiasmus zu blenden.

Genauso war auch meine gesamte Argumentation ausgelegt gewesen: Ich forderte die Erfahrbarkeit Europas. Europa musste erfahrbar werden, um Begeisterung zu entfachen. Denn nur wer begeistert ist, mischt sich ein und gestaltet mit. Die Bürger der in der EU vereinten Nationalstaaten mussten sich als Europas Bürger verstehen. «Setzt auf die europäische Jugend! Sport und Kultur bringen Menschen zusammen. Wir brauchen europäische Wettbewerbe, europäische Austauschprogramme und mehr Europaschulen! Gebt uns einen europäischen Feiertag!», forderte ich. Wann immer ich meinen Vater mit solchen Formulierungen traktierte, antwortete er stets: «Sterben muss ich. Und mehr nicht.» Wenn ich heute meine eigenen EU-enthusiastischen Beiträge lese, fällt mir immerzu das «Müssen» ins Auge. Warum aber mussten sich Europäer als Europäer verstehen? Wer war ich, dass ich ihnen ihre eigene Identität vorschreiben wollte?

Die politische Linke beantwortete die Krise der Europäischen Union noch deutlicher mit einer weiteren Europäisierung nationaler Politiken. Wortführer der europäischen Linken forderten gerade auch in Bezug auf Griechenland eine Harmonisierung der Wirtschafts- und Beschäftigungspolitik – inklusive gesamteuropäischer Haftung bei Instabilität und nationalen Krisen. Es müsse ein vollends soziales Europa her, ein europäischer Wohlfahrtsstaat, der für alle 500 Millionen Menschen gleich sorge. Das widersprach jeder Schlussfolgerung, zu der ich in meiner Bachelor-Arbeit gekommen war, die sich exakt damit befasste, ob ein europäischer Wohlfahrtsstaat möglich und erwünscht sei. Ich war zu dem Schluss gekommen, dass die historischen und kulturellen Eigenheiten der Nationen so stark ausgeprägt seien, dass eine Annäherung in Kooperation zwar möglich sei, jedoch keine absolute Adaption der grundverschiedenen Werte und Prioritäten unterschiedlicher Nationen. Und heute fällt mir häufig auf, wie viele «Nicht-Abgehängte» und absolut ernstzunehmende Diskutanten klug und bewusst darlegen, dass sie daran festhalten, die nationalen Spezifika zu wahren.

Während des Brexit- und Bremain-Wahlkampfes habe ich mich zwar mit der Bremain-Kampagne solidarisiert, sie war jedoch von genau jenem überschäumenden, verblödenden Sentiment, das verbietet, kritische Fragen zu stellen. Gerade auch deutsche Interessenverbände mischten sich auf unselige Art und Weise ein und machten auf der Insel Kampagnen wie «Bratwurst gegen Brexit», bei der der deutsche Verband der jungen Unternehmer Bratwürste im Zentrum von London verteilte. Später wurde jene Kampagne sogar ausgezeichnet. Und in der Tat ist sie sehr medienwirksam gewesen. Internationale Medien berichteten belustigt darüber. Und sie war jedoch genauso auch schwachsinnig. Nicht mehr Mitglied der Europäischen Union zu sein bedeutete eben nicht, jedes Produkt aus dem Ausland zu boykottieren. Es hieß im Zweifel ausschließlich, sich weder an EU-Zahlungen zu beteiligen, noch von EU-Abkommen zu profitieren. Alles andere würde aber gleich bleiben; insofern war die Dämonisierung des Austritts und die Heiligsprechung des Bleibens fast schon Grund genug, für den Austritt zu stimmen. Hier zeigte sich der Niedergang des demokratischen Wettstreits, da nüchterne Argumente unerwünscht schienen und Kritiker und Skeptiker geradezu in eine extreme Ecke gedrängt wurden – es war eine Form von Denunziation und Herabwürdigung.

Bei einem schlussendlichen Urnengang von über 70 Prozent der registrierten Wahlberechtigten in einer etablierten liberalen Demokratie und einem Ergebnis von über 50 Prozent bei einer eindeutigen Frage – da ist dem Ergebnis kein Demokratiedefizit vorzuwerfen, wie es die Bremain-Sympathisanten nach Ergebnisverkündung taten. Sicherlich obliegt jedem, persönlich zu befinden, ob er Volksabstimmungen ungeeignet findet, es ändert aber nichts an der Tatsache, dass auch andernorts Parteien und Bewegungen mit Leave-Forderungen wie der

Front National bei den letztjährigen Regionalwahlen mit knapp 30 Prozent oder die Alternative für Deutschland bei den diesjährigen Landtagswahlen in Sachsen-Anhalt mit knapp 25 Prozent international im Aufwind sind. Ich fand es daher falsch, der britischen Bevölkerung Unfähigkeit vorzuwerfen und sie mit Verachtung zu strafen. Sie haben die legitime Meinung zum Ausdruck gebracht, sich in der EU nicht repräsentiert zu fühlen, was für mich nicht synonym mit Nationalismus und Rechtsradikalismus ist.

Auch im Nachgang zum Brexit-Votum debattierte Europa über Europa. Insbesondere die Jugend setzte sich über zahlreiche sympathische Aktionen für einen europäischen Zeitgeist und ein europäisches Zusammengehörigkeitsgefühl ein. So sympathisch mir Anliegen wie *Free Interrail* oder *Pulse of Europe* auch waren und sind, so sehr glaube ich dennoch, dass sie das Problem nicht am Schopfe packen. Denn diese oberflächlichen Kampagnen konkurrieren mit der Enttäuschung von Millionen Bürgern über das Versagen institutioneller Politik. Wird jedoch auch die europäische Debatte hochstilisiert zu einer Debatte von Ja oder Nein, schafft sich das demokratische Element der Fortentwicklung Europas ab. Mit welchem Votum kann gegen Bürokratisierung gestimmt werden? Wenn alle Möglichkeiten entweder für ein Raus aus der EU oder naiven Euphemismus stehen? Die Menschen sind der Alternativlosigkeit überdrüssig.

Ich war und bin glühende Europäerin, weil das europäische Einigungswerk die größte politische Erfolgsgeschichte unseres Kontinents ist, weil sie Antwort auf Zerstörung und Unterdrückung und verantwortlich für unsere sechs Jahrzehnte des Friedens, der Freiheit und des Wohlstands ist. Gerade aus dem Grund ist das demokratische Votum gegen die EU und ihre gegenwärtige Architektur und Funktionsweise doch eine Mahnung, die Institutionalisierung Europas endlich neu zu denken und ein Zukunftsnarrativ zu entwickeln, in dem sich die einzelnen Mitgliedsstaaten nicht egalisiert, assimiliert und politisch genötigt, sondern kooperativ verbunden und individuell gestärkt fühlen. Niemals hat es in der Geschichte der Politik ein vergleichbares Einigungsprojekt wie die EU gegeben, das Modell ist nicht in der Antike erprobt oder in Geschichtsbüchern betrachtet worden – genau darum verdient es auch schonungslose Analyse und reflektierte Weiterentwicklung, ganz sicher aber keine beleidigte Abkehr von den Briten, keine pathetische Selbstbeweihräucherung und vor allen Dingen keine linken Eliteutopien. Politik gehört dem Volk, das in ihr wiedererkannt, nicht um sie betrogen werden will.

«Politik beginnt mit dem Betrachten der Wirklichkeit.» Dieser bereits zitierte Satz des Sozialdemokraten Kurt Schumacher hat in europäischen Angelegenheiten bisher keine große Bedeutung gehabt. Politik begann zwischen Brüssel, Straßburg, Berlin und Paris mit dem Streben nach Höherem. In der Wirklichkeit aber gibt es dafür leider keinen guten Willen, keine Zustimmung und keine Mehrheiten mehr. Die europäische Denkfabrik Bruegel in Brüssel hat nach dem Brexit-Votum Antworten für diese Wirklichkeit gesucht. Die Experten und Regierungsberater haben ein «Europa der konzentrischen Kreise» vorgeschlagen. Um ein Kerneuropa herum soll beispielsweise England in eine kontinentale Partnerschaft eingeladen werden. England müsste mit der EU über die Intensität dieser Partnerschaft verhandeln, und es müsste natürlich einen Preis für den Zugang zu europäischen Handelsverträgen, dem europäischen Binnenmarkt oder europäischen Finanzmarktregeln bezahlen. Das Modell steht in wohltuender Nüchternheit neben den Reden auf dem EU-Gipfel im September 2016 in Bratislava. Es würde den Briten die Wege nach Europa offenhalten. Andere Länder könnten in ähnlichen Partnerschaften stärker oder loser an die Kerneuropäer gebunden werden. Ungarn, Polen und Tschechien könnten verhandeln, wie intensiv sie dabeibleiben wollen. Für glühende Europäer war dieser Vorschlag natürlich kaum akzeptabel. Europa à la carte werde es nicht geben, hat der Präsident der Europäischen Kommission, Jean-Claude Juncker, in Richtung England geschleudert. Doch was ist daran so schlecht?

Die richtige Antwort kann nur darin liegen, verschiedene Geschwindigkeiten und Möglichkeiten der Kooperation zuzulassen, um den nationalen Eigensinnigkeiten gerecht zu werden – statt eine Einheit zu beschwören, die weder existiert noch mehrheitsfähig ist. Deutschland ist in seiner Europa-Euphorie überstrebsam und schlicht nicht repräsentativ. Europa – das ist heute eine Kantine mit Einheitsessen. Warum sollte es sich nicht zu einem richtigen Restaurant entwickeln? À la carte speist hier derjenige, der das Bedürfnis nach Individualität hat.

Den höheren Preis für die spezielle Speisefolge bezahlt er gern. Das Kantinenmenü ist natürlich billiger; trotzdem gilt auch hier: Das Essen muss dem Gast schmecken. Und nicht dem Koch. Europa muss keine museale Zukunft bevorstehen, wenn es sich auf die Stärke seines Wesens konzentriert: auf Vorteile durch einzeln verhandelte Kooperation.

«Ich wollte ja nichts als das zu leben versuchen, was von selber aus mir herauswollte. Warum war das so schwer?», lässt Hermann Hesse den Ich-Erzähler Emil Sinclair am Anfang seines Romans *Demian* fragen. Als mir Jahre nach der Lektüre Hesses Sibylle Bergs Roman *Vielen Dank für das Leben* in die Hände fiel, begegnete mir mit der Hauptperson Toto eine Figur mit ähnlich hoffnungslosen Fragen an das Leben – allerdings im Vergleich zu Hesse ohne jedes metaphysische Streben. «Toto ist ein Wunder», steht im Klappentext: «Ein Waisenkind ohne klares Geschlecht. Zu dick, zu groß, im Suff gezeugt. Der Vater schon vor der Geburt abgehauen, die Mutter bald danach. Und doch bleibt Toto wie unberührt.» Toto fasziniert. Er ist so wunderbar wie hässlich, so natürlich wie menschlich. Toto wird als einer wie wir alle geboren und scheint doch als Außenseiter in die Welt gesetzt. Denn er entspricht nicht der Norm und ist unangepasst. Schon nach wenigen Buchseiten, Toto wird misshandelt, verkauft und wieder misshandelt, wünscht man ihm einen frühen Erlösertod. Sein Leben ist die Hölle. Nach Berg ist die Welt wie eine Hölle. Doch Toto überlebt, wird groß und größer und zieht schließlich in den Westen, «wo der Kapitalismus zerstört, was der Sozialismus verrotten ließ», schreibt Berg, und damit ist die Odyssee von Totos Leben noch lange nicht beendet.

In *Vielen Dank für das Leben* steckt Wut, ihre Geschichte ist kalt und bitter, schrill vor Schmerz und Verzweiflung. Denn im Wesentlichen erklärt sich Bergs Roman mit allen solidarisch, die nicht passen; die nicht in das Bild von Schönheit und Eleganz passen, in das Bild von Gleichen und Ähnlichen, die nicht einmal in das Bild derer passen, die sich nur aus Strategie und Taktik anpassen, eine Tarnung annehmen oder sich verstecken. Der Außenseiter auf der Schulbank wird niemals so blöd sein, sich dem Schläger zweimal zu stellen und ihm schließlich freundlich zu verzeihen. Doch Toto tut das. Er versucht das zu leben, was von selber aus ihm herauswill: eine natürliche Güte und Zugewandtheit, ohne Rache, ohne Skepsis, ohne Furcht. Alles Eigenschaften, mit denen man auf die Welt kommt, noch bevor Gesellschaft modelliert und konditioniert. Mancher mag daher sagen: Toto bleibt Kind. Toto ist das Idealbild dessen, wie wir alle geboren werden, aber nicht bleiben: Er ist und bleibt Mensch.

Für mich transportiert dieser Roman daher trotz allem Überzeichneten und allem Schrillen eine zutiefst menschenfreundliche Botschaft: «Erst der Mensch.» Das zeichnet das gesamte Werk der 1962 in Weimar geborenen Autorin aus: Sie entlarvt Systeme, die den Menschen zum Spielball ihrer Ideologien degradieren. In *Vielen Dank für das Leben* gerät der Mensch

Toto unter die Räder zweier radikaler politischer Ideen und einer Vielzahl gesellschaftlicher Normen. Die eine politische Idee bringt das sozialistische System hervor und merzt alles aus, das sich dem Konformismus der Regierungsführung entgegenstellt. Es erstickt jedes Japsen nach Freiheit und schaltet das Menschliche gleich und damit aus. Die andere politische Idee bringt den Kapitalismus hervor, und das Ideal der Freiheit weicht schon bald dem freien Kräftespiel zügelloser Macht, wo der Mensch als Mensch schnell zur Belastung wird. Darüber hinaus leidet Toto unter einer Gesellschaft, die die klare Geschlechtszuordnung verlangt, die verlangt, dass man nicht abweicht, anders oder störend ist. Bergs Roman wird zum Plädoyer der Befreiung von all diesen Normen.

Um ähnliche Fragen rund um Normen, an denen Menschen zerbrechen, geht es auch in einem der frühen Romane des französischen Provokateurs Michel Houellebecq. In *Ausweitung der Kampfzone* zeigt er, wie Alter und Schönheit in einer liberalisierten Sexualwelt zum begehrten Kapitalgut werden und jene Menschen Demütigung erfahren, die diesem Maßstab nicht mehr genügen. Ein älterer, unattraktiver Büroangestellter ohne Partnerin versinkt in Selbstmitleid und Selbsthass.

Und auch die Preisträgerin des Friedenspreises des Deutschen Buchhandels 2016 Carolin Emcke thematisiert in ihrem Buch *Wie wir begehren*, wie beweglich und dynamisch das Begehren und Lieben ist und wie fatal es darum ist, die Offenheit und Natürlichkeit des Begehrens abzuschneiden. Von Kindesbeinen anzuerziehen, dass jedwede natürliche und regellose Zuneigung und Anziehung fernab der heterosexuellen Liebe verantwortungslos bis widernatürlich und krankhaft ist, treibt einen Jugendlichen in Emckes Buch in den Suizid.

Hinter all diesen Beispielen aus der Literatur steht die Frage: Wie können wir etwas Maßloses, Bewegliches und Natürliches wie den Menschen und sein Leben verteidigen, beschützen und davor bewahren, in starre Schemata gezwungen zu werden? Aus jedem Satz der genannten Bücher kann ein mutiges Plädoyer für die Befreiung des Menschen herausgelesen werden, für einen Menschen, der frei sein darf von moralischen Urteilen, starren Hierarchien, politischen Ordnungssystemen, für einen Menschen, der sein darf, wie er ist und leben darf, was aus ihm herauswill. Als Christin bin ich davon überzeugt, dass dem Menschen seine unantastbare Menschenwürde deshalb innewohnt, weil er nach dem Ebenbild Gottes geschaffen ist, weil er mit all seinen Haken und Widerhaken, seinen unbequemen Auswüchsen und abstrusen Unterscheidungsmerkmalen, seinen Talenten und Fertigkeiten genau so, wie er ist, richtig ist.

«Erst der Mensch, dann der Markt», ist auch das Motto, das sich die Arbeitnehmervereinigung der CDU gegeben hat. Gewachsen aus der katholischen Soziallehre und der evangelischen Sozialethik haben sich zeitgleich mit der Gründung der CDU die christlichen Gewerkschafter und Arbeitnehmervertreter in der Christlich-Demokratischen Arbeitnehmerschaft zusammengetan. Sie hat die Grundsätze, die Ursprungsprogrammatik und die frühen Entwicklungen der gesamten CDU wesentlich geprägt, und sie hat die bis heute anspruchsvollste und gerechteste Gesellschaftstheorie entwickelt, die ich kenne. Die von Papst Leo XIII. verfasste und 1891 veröffentlichte Enzyklika «Rerum Novarum» als prägendes Dokument für die frühe Christdemokratie hat sich gegen zwei mächtige Ideen behauptet: gegen den Sozialismus, der den Menschen ausschließlich als gesellschaftliches Wesen sieht, und gegen den Liberalismus, der ihn ausschließlich als Nutzenmaximierer versteht. Der Mensch leidet unter einer autoritären Staatswirtschaft genauso wie unter einer zügellosen Marktgesellschaft. Stattdessen wurde eine Gesellschaftstheorie entwickelt, deren Programmatik aus einem Grundprinzip der katholischen Soziallehre abgeleitet wurde, der sogenannten Personalität des Menschen. Dieses Prinzip geht davon aus, dass eine Gesellschaft sich an der Würde, den Rechten, der Freiheit und den Bedürfnissen der Menschen orientieren muss, und leitet daraus eine Programmatik ab: die besondere Rolle der Familien, die Pflicht zur Solidarität und die Bedeutung der Freiheit. Aus dieser zugegeben recht philosophisch-abstrakten Darstellung ergibt sich ein volles Programm für die politische Praxis: etwa der solidarische Umgang mit Alten und Kranken, der staatsbefreiten Erziehung der Kinder, der Verantwortung für eine gerechte Arbeitswelt und der Bewahrung der Schöpfung in allen Dimensionen.

Das Zitat von Hannah Arendt «Sinn von Politik ist Freiheit» macht klar, dass politische Liberalität mitnichten eine absolute Zurückhaltung und unendliche Duldsamkeit sein muss. Politische Liberalität steht gerade für die aktive Schaffung von Freiheitsräumen und Möglichkeiten der Befreiung. Darum bin ich

Mitglied der CDU geworden: Weil sie als Partei mit liberalen, christlich-sozialen und konservativen Wurzeln für ein Wertekorsett steht, das den Menschen in seiner Einzigartigkeit schätzt, ihm Räume zur selbstbestimmten Lebensführung und freien Persönlichkeitsentfaltung gewährt und ihn zugleich vor der Zügellosigkeit sich selbständig erschaffender Systeme schützt. Der sogenannte «freie» Westen und seine Modelle von Demokratie und Marktwirtschaft sind unübertroffen; doch auch Demokratie und Marktwirtschaft funktionieren nach Prinzipien, die bewahrt werden müssen: Wenn Mehrheiten über die Abschaffung von Minderheitenrechten abstimmen, ist das urdemokratische Prinzip aufgehoben. Wenn Gewinne privatisiert und Verluste sozialisiert werden, ist das marktwirtschaftliche Verantwortungsprinzip der Haftung aufgehoben. Darum braucht auch eine liberale Politik eine Politik: Freiheit muss beschützt werden.

Doch die Freiheit hat viele Feinde. Sie sind politisch links, wenn sie zu Unterdrückung, Konformismus und Gleichschaltung aufrufen; wenn jeder, der aus der Uniformiertheit ausbricht, vernachlässigt wird: der Gläubige, der Leistungsträger, der Traditionalist. Sie sind rechts, wenn ein offener Pluralismus der Illusion von Homogenität weicht, Menschen nach Ethnien, Nationalitäten und Religionszugehörigkeiten sortiert werden. Sie sind kapitalistisch, wenn dem Menschen sein Menschsein abgesprochen und er stattdessen als Humankapital behandelt und ihm bei Krankheit, Behinderung und Alter Solidarität verwehrt wird. Sie sind religiös motiviert, wenn der Wert von Menschen gemäß einer willkürlichen Sittlichkeit gemessen wird und wenn Außenstehenden eine selbstbestimmte Lebensführung abgesprochen wird. Und darin sind sich auch gemäßigte Linke mit moralistischer Anmaßung und gemäßigte Konservative mit altpäpstlicher Richtschnur erstaunlich ähnlich. Der Feind der Freiheit erkennt sie nicht beziehungsweise will sie nicht erkennen: die Vielfarbigkeit, die Vielstimmigkeit und das Unreine des Lebens und der Welt.

Navid Kermani, der für sein schriftstellerisches Werk 2015 mit dem Friedenspreis des Deutschen Buchhandels ausgezeichnet wurde, bekannte in seiner Dankesrede, «die Liebe zum Eigenen erweise sich in der Fähigkeit zur Selbstkritik». Schwärmerisch lieben könne man nur den anderen. «Die Selbstliebe hingegen muss, damit sie nicht der Gefahr des Narzissmus, des Selbstlobs, der Selbstgefälligkeit unterliegt, eine hadernde, zweifelnde, stets fragende sein. Wie sehr gilt das für den Islam heute! Wer als Muslim nicht mit ihm hadert, nicht an ihm zweifelt, nicht ihn kritisch befragt, der liebt den Islam nicht.»

Dieser Gedanke, dass es notwendig ist, die Traditionen und die Erscheinungsformen der eigenen Kultur nicht nur darzustellen, sondern auch zu kritisieren, begleitet mich seit Anbeginn meiner politischen Arbeit. Als Mitglied der CDU verstand ich meine Loyalität gerade darin, eine konstruktiv-kritische Haltung der Partei gegenüber zu haben. Zu oft wurde mir jedoch genau deshalb nahegelegt, mir eine Partei zu suchen, an der ich weniger auszusetzen hätte. Tatsächlich gäbe es diese nicht: Mit der CDU hatte und habe ich trotz unzähliger Unstimmigkeiten noch die allergrößte Übereinstimmung.

Zugleich sehe ich immerzu das Potenzial, einen ganzen Block von Unstimmigkeit abschaffen zu können, indem an die Stelle einer traditionellen und auch religiös motivierten Zwangsmoral das Bekenntnis zur Selbstbestimmung als wesentlichster Bestandteil der gottgegebenen Menschenwürde tritt.

«Wichtigster Maßstab seiner politischen Arbeit ist die Freiheit des Menschen, verstanden als Autonomie der Person, gewesen», sagte Norbert Lammert Anfang Dezember 2016 in seinem Nachruf auf den verstorbenen Bundestagsvizepräsidenten Peter Hintze. «Darauf pochte er vor allem in seinen stark beachteten Redebeiträgen zu den großen ethischen Debatten innerhalb wie außerhalb des Parlaments über Grundsatzfragen, die den Beginn und das Ende des Lebens betreffen.» Hier meldete sich Peter Hintze als «theologisch versierter und religiös geprägter, aber liberal argumentierender Mensch regelmäßig zu Wort, zuletzt und unvergessen zu den angemessenen rechtlichen Rahmenbedingungen der Sterbebegleitung», sagte Lammert. Jenen Prozess der Erarbeitung eines Gesetzes zur Sterbebegleitung bekam ich als Mitarbeiterin Hintzes sehr nah mit.

Lammert nannte es den «vielleicht anspruchsvollsten Gesetzgebungsprozess dieser Legislaturperiode», als der Bundestag mit einer auf Monate angelegten Debatte über die Frage der Sterbehilfe begonnen hatte. Bei dem Austausch ginge es im Kern um die Frage der Beihilfe zum Suizid: Soll einem sterbenskranken Menschen sein Arzt ein tödliches Medikament verabreichen dürfen? Insbesondere in weiten Teilen der Union wurde diese Form der Sterbehilfe von Beginn an kritisch gesehen. Der CDU-Abgeordnete Hubert Hüppe sagte, dass der Druck auf Schwerkranke, Alte und Behinderte wachsen könnte, freiwillig aus dem Leben zu scheiden, wenn das immer normaler werde. Der Dammbruch werde nicht von heute auf morgen passieren, aber er werde eintreten, meinte der frühere Behindertenbeauftragte der Bundesregierung. Auch die Abgeordneten der Grünen und der Linken, Katrin Göring-Eckardt und Kathrin Vogler, sagten, dass der Tod keine leicht erreichbare Dienstleistung werden dürfe. Peter Hintze forderte dagegen, sterbenden Menschen nicht per Gesetz ein qualvolles Ende aufzuerlegen. Mit der Menschenwürde sei es nicht vereinbar, «wenn aus dem Schutz des Lebens ein Zwang zum Qualtod würde». Es gebe tödliche Leiden, bei denen die Palliativmedizin an ihre Grenzen stoße. Ein Arzt müsse beim friedlichen Einschlafen helfen dürfen. «Das will auch die große Mehrheit der Bevölkerung», sagte Hintze. Der Bundestag sollte dieser Mehrheit eine Stimme geben, staatliche Bevormundung sei hier fehl am Platz. Das Recht auf Selbstbestimmung müsse auch ein selbstbestimmtes Sterben einschließen.

Über alle Fraktionsgrenzen hinweg fanden mehrere Parlamentariergruppen zusammen, die sich im Laufe des Gesetzgebungsverfahrens veränderten. Ein weitgehendes Verbot der Suizidbeihilfe strebten der CDU-Politiker Patrick Sensburg sowie weitere Politiker der CDU und CSU an. Nach ihrem Vorschlag sollten Anstiftung oder Hilfe bei der Selbsttötung mit bis zu fünf Jahren Haft bestraft werden. Sensburg argumentierte, dass dieses klare Verbot Abgrenzungsprobleme zu bestimmten Formen der Suizidbeihilfe vermeiden würde. Eine andere Gruppe um die Parlamentarier Kerstin Griese (SPD), Michael Brand (CDU), Harald Terpe (Grüne) und Kathrin Vogler (Linke) wollte die geschäftsmäßige Suizidbeihilfe mit bis zu drei Jahren Freiheitsstrafe bestrafen. Geschäftsmäßig meinte hierbei das auf Wiederholung angelegte, organisierte Handeln von Vereinen und Einzelpersonen. Das Verbot hätte sich also nicht nur auf die auf Gewinn orientierte, gewerbsmäßige Suizidbeihilfe beschränkt, diese aber auch umfasst. Die Gruppe von Peter Hintze nahm den Sonderfall des ärztlich assistierten Suizids in den Blick. Während die Hilfe beim Suizid prinzipiell nicht unter Strafe stand, war sie Ärzten in der Regel durch Standesrecht untersagt. Die Hintze-Gruppe wollte dies ändern. Die liberalste Regelung mit einer Erlaubnis für Sterbehilfe-Vereine legten die Politikerinnen Renate Künast (Grüne) und Petra Sitte (Linke) vor. Sie waren gegen die gewerbsmäßige, kommerziell ausgerichtete Sterbehilfe, wollten aber die organisierte Suizidhilfe ohne Gewinnabsicht erhalten und definierten dafür Regeln. So sollten nach ihrem Entwurf Organisationen und Ärzte, die bei der Selbsttötung helfen wollten, zu Beratungsgesprächen und einer Dokumentation der Fälle verpflichtet werden. Auch sie wollten durch eine gesetzliche Regelung das standesrechtliche Verbot für Ärzte außer Kraft setzen. Der Entwurf hielt fest, dass Suizidbeihilfe ärztliche Aufgabe sein kann, eine Verpflichtung dazu gebe es aber nicht.

Mit Arbeitsbeginn im Büro Hintze wurde ich unmittelbar in diese Debatte hineingeworfen. Der Hintze-Entwurf deckte sich mit meiner persönlichen Position – weniger deshalb, weil es als seine Mitarbeiterin so von mir erwartet wurde, sondern deshalb, weil Hintze über meine liberale Einstellung Bescheid wusste, als er mich einstellte.

150 Jahre nach Erlassen des Strafgesetzbuches sollte nun das scharfe Schwert des Strafrechts eingeführt werden, so sahen es alle konservativeren Gesetzesentwürfe vor. Das allein empfand ich als moralistische Umkehrung der Aufklärung. Eine Obrigkeit sollte definieren, wie ein einzelnes Leben auszusehen habe? Zugleich störte mich, dass die Argumentation von Populismus geradezu beseelt war: Als Feindbild musste ein einziger werbewirksamer Scharlatan aus dem Ausland herhalten, der dafür stand, unverantwortlich mit menschlichem Leben umzugehen und Menschen aus ausschließlich kommerziellen Gründen «Tod auf Verlangen» zu gewährleisten. Dabei wurden sowohl jene sterbenskranken Menschen außen vor gelassen, die selbstbestimmt entschieden, sich nicht einem qualvollen Erstickungstod hingeben zu wollen, als auch die Ärzte, die eine würdevolle Sterbebegleitung als Dienst am Leben verstanden. Um den einen Bösen zu treffen, drohte man Millionen anderen mit der Wiedereinführung des Strafrechts.

Eine Bestrafung der «geschäftsmäßigen» Suizidhilfe, wie sie der Gesetzentwurf von der Gruppe um Brand und Griese vorsah, hätte Ärzte der ernsthaften Gefahr staatsanwaltlicher Ermittlungen ausgesetzt. Betroffen wären insbesondere diejenigen Ärzte, die eine Vielzahl todkranker Menschen in der letzten Lebensphase begleiten, wie Palliativmediziner und Onkologen. Deshalb lehnte die Deutsche Gesellschaft für Hämatologie und Onkologie jede Strafverschärfung im Bereich der Sterbehilfe ab. Fast 80 Prozent der Palliativmediziner wendeten sich entschieden gegen neue Strafvorschriften. Und Umfragen belegen, dass gerade auch innerhalb der Palliativmedizin sich eine Mehrheit dafür ausspricht, dem eigenen Gewissen folgen zu dürfen.

Überhaupt war die Definition der Geschäftsmäßigkeit widersinnig, wenn sie sich auf Wiederholbarkeit bezog, denn natürlich ist beispielsweise ein Palliativmediziner immer wieder mit so einer Situation konfrontiert, das heißt, hier greift durchaus das Argument der Wiederholung. Die Behauptung also, eine Bestrafung der «geschäftsmäßigen» Suizidhilfe würde Ärzte nicht bedrohen, ist demnach falsch. Ärzte, die in verantwortungsvoller Ausübung ihrer durch das Grundgesetz geschützten Gewissensfreiheit nur in sehr wenigen Ausnahmefällen eine Suizidhilfe leisteten, gerieten in den Verdacht, mit Wiederholungsabsicht zu handeln. Da die Strafverfolgungsbehörden nach dem Legalitätsprinzip bereits bei einem Anfangsverdacht gehalten sind, strafrechtliche Ermittlungen aufzunehmen, müssten hiervon betroffene Ärzte unter Umständen mit Vernehmungen und Durchsuchungen rechnen. Auch wenn es im Ergebnis weder zu einer Anklage noch zu einer gerichtlichen Verurteilung kommen sollte, bestünde die Gefahr, dass sich Ärzte von ihren Patienten zurückziehen, um von vornherein strafrechtliche Ermittlungen zu vermeiden und den eigenen Ruf zu wahren. Damit würde ein strafrechtliches Verbot das sensible und in der letzten Lebensphase besonders wichtige Vertrauensverhältnis zwischen Arzt und Patient zerstören. Der Hintze-Entwurf hingegen sah vor, das intime Verhältnis von Ärzten und todkranken Patienten durch Rechtssicherheit zu schützen.

Eine Kriminalisierung der Suizidhilfe würde mit der 150-jährigen Tradition im deutschen Strafrecht brechen, wonach eine Hilfestellung zum straflosen Suizid ebenfalls straflos ist. Nach den allgemeinen Regeln des Strafrechts ist es grundsätzlich straflos, eine Hilfestellung zu einer straflosen Handlung zu geben. Eine Strafbarkeit der Suizidhilfe würde demnach zu einem empfindlichen Systembruch im Strafrecht führen. Es verbietet sich, bestimmte moralische Einstellungen, über die in der Gesellschaft kontrovers diskutiert wird, mit dem Mittel des Strafrechts durchzusetzen. Dies zerstört den Rechtsfrieden in unserem Land und schwächt das Vertrauen der Menschen in den demokratischen Rechtsstaat. Deshalb lehnten über 140 deutsche Strafrechtslehrerinnen und Strafrechtslehrer – nahezu die gesamte deutsche Strafrechtswissenschaft – eine Kriminalisierung der Suizidhilfe strikt ab. Auch die große Mehrheit in der Bevölkerung lehnt Strafverschärfungen im Bereich der Sterbehilfe ab. Die Menschen empfinden einen derart gravierenden Eingriff als einen illegitimen Übergriff des Staates. Darunter sind viele überzeugte Christinnen und Christen beider Konfessionen. Eine aktuelle Untersuchung des Sozialwissenschaftlichen Instituts der Evangelischen Kirche in Deutschland belegt, dass das Meinungsbild in der Bevölkerung sehr differenziert ist, wobei eine deutliche Mehrheit der Auffassung ist, dass Menschen über das Selbstbestimmungsrecht sowohl über ihr Leben als auch ihren Tod verfügen sollten. Es ist ein Gebot der gesetzgeberischen Verantwortung, dass der Staat in höchstpersönlichen Fragen, die jeder Mensch nur nach seinem eigenen Gewissen beantworten kann, Zurückhaltung wahrt. Es wäre unverantwortlich, wenn schwer leidende Patienten bedrängt und Ärzte durch strafrechtliche Ermittlungen bedroht würden.

Nur ein Jahr vor meinem Arbeitsbeginn im Büro Hintze und meiner Begleitung des Gesetzgebungsprozesses sah ich meiner Oma stundenlang beim Sterben zu. Sie starb nach einer langen Krebskrankheit. Als ich mit Mama und Papa ins Hospiz fuhr, erkannte ich Omas abgemagerten Körper kaum wieder. Tage zuvor war sie noch halbwegs bei Bewusstsein gewesen, hatte unbeobachtet aufzustehen versucht und war mit dem Gesicht auf den kalten Fliesenboden gestürzt. Ihre Nase war blau, violett, grün angelaufen. Ich sah sie still liegen, und doch hatte sie mit jedem Atemzug zu kämpfen. Es war, als nötigte ihr jeder weitere Atemzug alle noch verbliebene Kraft ab. Dabei war all das kein Überlebenskampf mehr. Sie war nicht mehr wach, sprach nicht mehr und schien uns nicht mehr zu hören. Wir hofften alle, dass es bald vorbei sein würde. «Leiden im Tod ist sinnlos», hatte Peter Hintze später einmal gesagt. Das ist auch mein Gedanke gewesen, als ich Oma sterben sah. Ich ging nach Stunden und erfuhr später, dass sie erst viele Stunden später gestorben ist.

Meine erste Reaktion auf die vorgelegten Positionspapiere der Parlamentariergruppen richtete sich gegen jene von Sensburg, Brand und Griese. Ich empfand sie als wirklichkeitsfern und anmaßend. Als in der finalen Plenardebatte der CDU-Politiker und Initiator des Gesetzesentwurfs für das Komplettverbot Michael Brand am Rednerpult stand und sich auf den französischen Film *Ziemlich beste Freunde* berief, wurde mir übel. Der Film basiert auf der wahren Geschichte eines Unternehmers, der nach einem Absturz beim Paragliding vom Hals abwärts komplett gelähmt ist. Nach eigener Aussage fand er damals niemanden, der ihm beim Suizid helfen wollte. Später bekannte er: «Heute würde ich mein Leben niemals aufgeben wollen.» Meine Empörung bezog sich nicht auf den gelähmten Unternehmer, natürlich nicht; ich war dankbar für diese anrührende Geschichte, in der jemand, der noch sein ganzes Leben vor sich hatte, Trost und Perspektive wiederfindet. Aber ich war wütend auf Brand, der die Bühne nutzte, um mit einem unverschämten Vergleich zu suggerieren, dass eine Liberalisierung der Sterbehilfe für das leichtfertige «Töten auf Verlangen» stünde, völlig unabhängig von der Lebenslage. Dabei sah der Hintze-Entwurf zu keinem Zeitpunkt vor, im Leben stehende Behinderte als Betroffene zu definieren, sondern ausschließlich diejenigen, die sterbenskrank waren. Dabei musste von mehreren Ärzten dokumentiert worden sein, dass die Person so schwer erkrankt war, dass es nicht mehr um das Ob des Sterbens, sondern ausschließlich um das Wie ging. Demenz und psychische Krankheiten waren ausgenommen.

Als Peter Hintze das Rednerpult bestieg und seine allerletzte Rede im Deutschen Bundestag antrat, hielt er ein Redemanuskript vor sich, das wir im Büro mehrfach durchgegangen waren, sogar in den letzten Minuten, bevor er in den Plenarsaal aufgebrochen war. Doch bereits mit dem ersten Satz hielt sich Hintze nicht ans Manuskript. Stattdessen erzählte er, wie bewegt er von den Tagesthemen am Vorabend gewesen war, in dem ein ALS-Kranker verzweifelt erzählt hatte, sich eine Apparatur gebaut zu haben, um sich damit das Leben zu nehmen. Hintze fuhr fort, dass der betreuende Arzt den Mann davon habe abbringen können, sich umzubringen, mit dem Versprechen, dass er ihm im äußersten Notfall, wenn der Tod nicht mehr aufzuhalten sei und ein schmerzvoller Todeskampf einsetze, Suizidassistenz gewähren würde. Das war der Kern des Hintze-Entwurfs: Jenes Vertrauensverhältnis zwischen Arzt und Patient zu beschützen; Ärzte nicht in eine Situation zu bringen, in der sie sich aus Sorge um rechtliche Bedingungen vom eigenen Patienten abwenden müssen, weil dieser Suizid in Erwägung zieht.

In den finalen Wochen vor der Abstimmung im Bundestag schloss sich aus taktischen Gründen die Hintze-Gruppe mit der Künast-Sitte-Gruppe zusammen, da das geteilte liberale Lager chancenlos war. Beide Gruppen warben schon fast nicht mehr für den eigenen Entwurf, sondern bloß für die Ablehnung der anderen, die eine Strafverschärfung vorsahen. Es hatte sich herauskristallisiert, dass die meisten diesem folgten.

Am Ende des langwierigen Prozesses schien es schwer, Abgeordnete weiter zu überzeugen. Bis zuletzt schrieb ich Textnachrichten an jene Abgeordneten, die ich kannte, und fragte nach, ob denn schon eine Entscheidung hinsichtlich der Abstimmung gefallen sei. Ich versuchte, die überzeugendsten Argumente auf zwei, drei Sätze herunterzubrechen. Ich tat zwar so, als sei diese Meinungsäußerung von mir bloß beiläufig gefallen, in Wirklichkeit war es aber ein letzter Versuch, noch ein paar Abgeordnete umzustimmen. Tatsächlich antworteten mehrere Abgeordnete, dass sie sich noch nicht sicher seien, und eine bat Minuten vor der Abstimmung, ich sah sie live im Plenarsaal sitzen, ihr noch einmal die Hintergründe zu erläutern. Am Ende hat aber auch ihre Stimme nicht gereicht. In Zukunft würde geschäftsmäßige Suizidbeihilfe unter Strafe gestellt werden.

Zwischenzeitlich entwickelte ich noch die Hoffnung, dass sich das aus meiner Sicht falsche Gesetz in letzter Sekunde stoppen ließe. Abgeordnete riefen dazu auf, keinen der Gesetzesentwürfe zu unterstützen beziehungsweise den gesamten Gesetzgebungsprozess zu stoppen, da die Gräben zwischen den verschiedenen Überzeugungen und der so eindeutigen Meinung der Bevölkerung in zahlreichen Umfragen so tief wären, dass kein Gesetz dieser Gemengelage gerecht werden könnte.

Es hätte Haltung bewiesen, sich als Parlament einzugestehen: Wer sind wir, in dieser Frage ein Urteil zu fassen? Wäre es nicht die politisch beste Antwort gewesen, zuzugeben, dass wir in dieser sensiblen und höchst umstrittenen Frage nicht die richtigen Antwortgeber sind? Es wäre die höchste und ehrbarste politische Entscheidung gewesen, aber sie war genauso unwahrscheinlich. Denn kein Gesetz zu machen, hätte auf viele wie Arbeitsverweigerung gewirkt, als wenn aus Trägheit und Faulheit nichts getan würde, statt sich aus hehren Gründen bewusst zurückzuhalten.

Als ich im Landtagswahlkampf 2010 aktiv war, wurden wir als CDU damit konfrontiert, warum wir Jahre zuvor immerzu für Studiengebühren plädiert hätten, in diesem Wahlkampf jedoch nicht mehr. Als wir sagten, dass wir inzwischen keine mehr einführen wollten, wurde uns vorgeworfen, kein Rückgrat, keine Haltung zu haben und opportunistisch zu sein. Für mich war jedoch genau das Haltung: nämlich die Haltung, dass Politik nicht einbricht und umwälzt, sondern Leben bloß rahmt und begleitet. Wer aus anderen Bundesländern, die Studiengebühren erheben, wegen seiner finanziellen Lage in NRW sein Studium begonnen hatte, dem durfte eben nicht passieren, dass er sich von heute auf morgen nicht mehr auf seine Lebensumstände verlassen kann. Genau das war für mich Haltung: zuerst der Mensch, dann erst die Idee.

DIE GEDANKEN SIND FREI.

Gegen die Versteinerung des Streits

Als Coleman Silk, Professor für Literaturwissenschaften und erster Dekan jüdischer Abstammung am Athena College in Massachusetts, bemerkt, dass zwei seiner Studenten regelmäßig im Seminar fehlen, entfährt ihm eine folgenschwere Äußerung. Vor versammeltem Auditorium fragt er sie ironisch, was die beiden seien: «Spooks?» – «Gespenster?», «Gestalten, die das Licht scheuen?» Die beiden angesprochenen Studenten stellen sich als Afroamerikaner heraus – und erheben Anklage, weil das Wort «spooks» auch als abfällige Bezeichnung für Schwarze verstanden werden kann. Silk, der selbst Amerikaner afrikanischer Herkunft ist, allerdings mit einer Haut, die hell genug ist, um als Weißer durchzugehen, und dadurch keinen Diskriminierungen ausgesetzt ist, wird nun des Rassismus bezichtigt. Die nachfolgenden Anhörungen und inneruniversitären Machtkämpfe haben zur Folge, dass Silk nicht nur seiner Professur enthoben wird, sondern auch seine Ehefrau Iris einem tödlichen Schlaganfall zum Opfer fällt. Silks Ansehen, seine Karriere und sein Privatleben liegen in Scherben. Das ist die Geschichte, die in *Der menschliche Makel*, dem großen Roman Philip Roths, erzählt wird und die wohl berühmteste intellektuelle Treibjagd im Namen der sogenannten *political correctness* darstellt, jenes Phänomens, das auch fern der literarischen Fiktion Einzug in sämtliche reale US-amerikanische wie europäische Lebenswelten hält – allen voran in die universitären.

An der Harvard University verlangten Jura-Studentinnen jüngst, das Thema Vergewaltigung aus dem Lehrplan zu streichen, weil es Traumata wiederbeleben könne, wie ihre Professorin in einem Artikel im Magazin *The New Yorker* darlegt. Die Northwestern University wurde zur Einrichtung von Schutzräumen, sogenannten *safer spaces*, zur Sicherheit diverser Identitätsgruppen aufgefordert, zu denen Nichtbetroffene keinen Zutritt haben sollen. Als sich eine Professorin daraufhin kritisch äußerte und von einer «Politik der sexuellen Paranoia» sprach, wurde sie aufs schärfste angefeindet. Aus diesen Fällen lernten andere Professoren landesweit: Sie üben ihre Kritik nur noch unter Pseudonymen. Viele geben zu, sich von ihren Studenten eingeschüchtert zu fühlen. Doch der Ungeist der Angst und Denunziation richtet sich nicht nur gegen Lehrende. Auch eine Reihe bekannter Comedians wurde bei Auftritten in den Hörsälen stark kritisiert. Die Komiker Jerry Seinfeld und Bill Maher sprachen daraufhin von einer «Überempfindlichkeit» der Studenten; zu viele könnten «nicht einmal mehr einen Witz hinnehmen».

Zwei Begriffe eroberten die überschäumende Debatte. Bereits potenziell und geringste irritierende Andeutungen werden «Mikroaggressionen» genannt. Dazu kann schon zählen, einen Latino zu fragen, woher seine Eltern stammen, denn dies könnte implizieren, er sei kein «richtiger» Amerikaner, und er sich dadurch diskriminiert fühlen.

Der andere Begriff sind die «Triggerwarnungen». Bei ihnen handelt es sich um Warnhinweise auf die potenzielle «Verletzungsgefahr» durch Auslösereize. Sie werden beispielsweise erklärend bestimmten Texten vorangestellt, um davor zu warnen, dass posttraumatische Belastungsstörungen bei der Konfrontation mit bestimmten Themen ausgelöst werden können. Wer sich also fürchtet, bei der Lektüre mit Themen sexueller Gewalt konfrontiert zu werden, sollte Bücher wie Ovids *Metamorphosen* oder F. Scott Fitzgeralds *Der große Gatsby* gar nicht zur Hand nehmen. Wer sich nicht mit rassistischer Gewalt und Antisemitismus konfrontieren will, sollte Chinua Achebes *Alles zerfällt* und William Shakespeares *Der Kaufmann von Venedig* meiden. Und wer sich durch die suizidalen Implikationen in Virginia Woolfs *Mrs. Dalloway* bedroht oder durch die rassistische Ausdrucksweise in den Werken Mark Twains beleidigt fühlt, darf die Teilnahme am Unterricht unter bestimmten Voraussetzungen sogar verweigern.

Bei einigen Maßnahmen scheint die Grenze zum Surrealen erreicht. An der Brandeis University hat sich eine Studentenorganisation asiatisch-amerikanischer Studenten eine Installation ausgedacht, mit der sie für Mikroaggressionen sensibilisieren wollte. Die Installation gab Beispiele wie «Du bist nicht gut in Mathe?». Doch andere asiatischstämmige Amerikaner fühlten sich durch die Installation selbst ausgestellt und damit angegriffen. Die Organisation beendete die Aktion, und ihr Präsident schrieb eine Entschuldigung an alle, «die sich durch den Inhalt verletzt gefühlt haben».

Diese Beispiele einer grassierenden Alltagskultur von *political correctness* sind auch in Europa sehr präsent. Während meiner Studienzeit in der traditionell eher linken Studentenstadt Göttingen erlebte ich eine Vielzahl übereifriger und hysterischer Wahrnehmungen von Diskriminierung. In einem Seminar zu den Perspektiven eines gemeinsamen europäischen Wohlfahrtsstaates war die Rede von Sozialpartnern, also den arbeitgeber- und arbeitnehmernahen Interessenverbänden, als sich zwei Studentinnen darüber beschwerten, warum nicht von «Sozialpartnerinnen» gesprochen werde. Ihnen war nicht klar, dass der Begriff des Sozialpartners nicht personell ist, sich also gar nicht auf Menschen bezieht. Doch diese Situation finde ich beispielhaft dafür, wie übersteigert und absurd der Kampf um Geschlechtergerechtigkeit geworden ist. Sämtliche Studienkurse wurden über mehrere Veranstaltungseinheiten blockiert bis boykottiert, wenn sich Lehrende und Kommilitonen weigerten, geschlechtergerechte Sprache anzuwenden. Mir ist zwar die Sapir-Whorf-Hypothese bekannt, nach der Sprache das Denken formt, aber diese Annahme samt einer Reihe von ihr abgeleiteten Hypothesen gelten weitgehend als wissenschaftlich widerlegt – oder sie geraten zumindest bei kritischer Betrachtung an ihre Wirkungsgrenzen. Sprache ist leider nicht gerecht, weil sie nun einmal einer extralinguistischen Realität unterworfen ist, nicht umgekehrt. Mehrere Male habe ich mich auf Diskussionen eingelassen, in denen ich argumentierte, man denke bei «Fußball» auch dann nicht an «Frauenfußball», wenn von «Herrenfußball» gar keine Rede ist. Die Illusion, dass man durch geschlechtergerechtes Sprechen Geschlechtergerechtigkeit schaffen würde, liegt nicht weit entfernt von dem Glauben an die Wirksamkeit von Homöopathie oder Astrologie.

Kommunikation fußt auf individueller «Chemie», die Humor und Provokation und im Grunde die ganze Bandbreite von Gefühlen umfasst. Das Schimpfwort unter Freunden gilt als Zuneigungsbekundung; sagt man dieselben Worte zu einem Fremden, sind sie zweifellos beleidigend. Wer versucht, Sprache maßzuregeln, sie zu vereinheitlichen, spricht der Kommunikation das Kommunikative ab. Sprache ist immer in Bewegung.

Doch während meiner Studienzeit in Göttingen war es nicht nur die Sprache, die moralistischer Reglementierung unterworfen werden sollte. Die Freunde der *political correctness* begegneten mir als Allererstes in der Göttinger Hochschulpolitik, an der ich mich beteiligte, um ganz pragmatisch und ideologiefrei darüber mitzubestimmen, dass die verfügbaren Gelder der Qualität der Lehre zugutekommen; insbesondere über Möglichkeiten des eLearning.

Zu Beginn meines Studiums waren Niedersachsen und Bayern die letzten verbliebenen Bundesländer, die noch Studiengebühren erhoben. Insofern waren die Möglichkeiten, die Lehre zu verbessern, finanziell gegeben. Doch mein hochschulpolitischer Gegner installierte eine kostenintensive Telefonbetreuung für Studenten, die über ihre Traumata als Mitglied einer Burschenschaft sprechen wollten. Falls es auch nur einen einzigen Burschenschaftsaussteiger gab, der unter negativen Erfahrungen litt, hätte ich ihm diese Betreuung zwar gewünscht, angesichts der realen Nachfrage war dies aber ideologisch aufgeladener Unsinn. Zehntausende Euro wurden in gesellschaftskritische Szenefestivals investiert, studentisch organisierte Seminare angeboten, in denen das Vermummen und illegale Schottern gelehrt wurde, und die Forderung nach einem fleischfreien Tag in der Mensa wurde laut. Die dramatischste Erfahrung machte ich, als der damalige niedersächsische Innenminister Uwe Schünemann zu einem innenpolitischen Vortrag auf den Campus eingeladen wurde. Schünemann, der den Rechtsstaat repräsentierte und für das Abschieben von illegalen Einwanderern verantwortlich war, eignete sich wie kein Zweiter als Feindbild für die linke Studentenschaft. Zahlreiche vermummte Studenten stürmten schließlich den Campus, wurden handgreiflich gegenüber der Polizei und störten den Vortrag auf eine Art und Weise, dass kein Zuhören mehr möglich war. Als ich nach der Veranstaltung zu meinem angeschlossenen Fahrrad zurückkehren wollte, wurde ich angewiesen, eine Stunde lang zu warten. Neben meinem Fahrrad waren Mülltonnen in Brand gesetzt worden. Ähnliches erlebte ich erst zwei Jahre später wieder, als ein von autonomen Linken besetztes Wohnhaus in Wuppertal geräumt wurde und Linksextreme daraufhin Müllcontainer anzündeten und sogar meinen Autoreifen aufschlitzten.

Es ist eindeutig, dass jene politisch motivierte Gewalt und

tätliche Angriffe des Linksfaschismus inakzeptabel und strafrechtlich relevant sind; mir behagte aber schon die gesamte Kultur eines willkürlich auferlegten Redeverbots nicht. Später, an meiner heutigen Uni, der Berliner Humboldt-Universität, installierten Soziologiestudenten einen Watchblog, der Äußerungen des renommierten Professors und Politikwissenschaftlers Herfried Münkler «kritisch kommentiert», wie die Studenten sagen, oder, wie Münkler selbst sagt, ihn mit «Umständen der permanenten Denunziationsdrohung» belegte. Hier kehrt sich das Merkmal der 68er-Rebellion um: Studenten begehren nicht mehr gegen das traditionalistische Denken ihrer Professoren auf und kämpfen für Gedankenfreiheit, sondern sie wehren sich gegen das kritische Denken ihrer Professoren und verlangen eine behütete und konfliktfreie Lehre.

Der Begriff der *political correctness* hat in den vergangenen Jahren eine steile Karriere gemacht. Der Begriff «politically correct», damals noch ohne Substantivierung, tauchte erstmals in der Zeit zwischen 1980 und 1990 vornehmlich in den USA auf. Ein philosophischer, literarischer und politischer Chorus begann, den «hate speech» gegen Minderheitengruppen anzuprangern. Mit «hate speech» waren grenzübertretende und rechtlich relevante Anfeindungen und Abwertungen gemeint. Ferner engagierte sich jene Bewegung für eine allgemeine Achtung von Diversität und der angemessenen Repräsentanz von benachteiligten Minderheiten und einer gerechten Machtverteilung. So verlangte die politisch liberale Studentenschaft in den USA eine Ausweitung des Lehrstoffs auf weibliche und außereuropäische Autoren und schuf Sprachkodizes, die auf die Einbeziehung von Minderheiten abzielten. Mit der Ausweitung dieser Sprachregelungen gewann der Begriff «politically correct» an Bedeutung. Seit Beginn der 1990er Jahre wurde der Begriff zunehmend auch zu einem pejorativ gebrauchten Kampfbegriff der politischen Rechten in den USA. Konservative Studenten, Akademiker und Journalisten übernahmen den Ausdruck und wandelten den Begriff in eine Chiffre zur Ablehnung linker Antidiskriminierungsbemühungen, US-Konservative verwendeten ihn im politischen Kontext in Auseinandersetzungen mit politischen Gegnern. Im Laufe der Zeit wurde der Begriff zu *political correctness* substantiviert. Allerdings wurde und wird er auch weiterhin von Linken verwendet. Politikwissenschaftler beschreiben den abwertenden Gebrauch nunmehr als eine «vehement betriebene Diffamierungskampagne gegen die Liberals». Es würde somit eine Strategie der politischen Diffamierung aus den 80er Jahren fortgesetzt werden. An die Stelle des damals verwendeten L-word (ein in der Wahlkampfkampagne 1988 von Konservativen geprägter negativ konnotierter Begriff für den Liberalismus) trat nun *political correctness*, um gegen den liberalen «Feind» ins Feld zu ziehen. Die kanadische Soziologin und Feministin Dorothy Smith nannte in dem 1999 veröffentlichten Buch *Writing the Social: Critique, Theory, and Investigation* den Begriff *political correctness* einen «ideologischen Code und Ausdruck eines Widerstands einer traditionellen Elite gegen den Verlust von Autorität und Macht». Der Begriff sei von neokonservativer Seite instrumentalisiert worden und ermögliche es, Kritik an der institutionellen Ordnung und der kulturellen

Dominanz bestimmter Gruppen zu unterdrücken und zu diskreditieren. Er erscheine nicht als direkte Zensur, erfülle aber die Funktion, öffentliche Diskurse zu regulieren, indem ihren Diskursteilnehmern Autorität und Glaubwürdigkeit abgesprochen werde.

Die gleiche Diskussion wird heute, gerade auch nach dem Brexit-Votum und nach der Wahl Trumps, aber auch im Zuge der Debatten um nationalen und internationalen Rechtspopulismus lautstark geführt. An allen Stimmen ist etwas dran: Es ist gut und richtig, sich gegen Diskriminierung zu engagieren, für Diversität zu werben und gerade auch im Zuge der Black-Lives-Matter-Bewegung oder in sämtlichen flüchtlingspolitischen Sachverhalten Solidarität mit genannten Minderheiten zu zeigen. Auch in unserem Land ist es geradezu notwendig, jenen zu widersprechen, die glaubten, wir hätten kein Problem mehr mit Geschlechterungerechtigkeit, und der Feminismus habe sich erübrigt. Es ist jedoch genauso wahr, dass die hysterische und übereifrige Unterstellung, etwas könnte diskriminierend gemeint sein, eine Kultur des Misstrauens und der Skepsis schafft, was Furcht und Schweigen zur Folge hat. Es ist fraglich, ob diese Art des Schutzraums durch *political correctness* messbar positive Effekte mit sich bringt; manchmal scheint es das Gegenteil zu bewirken. Profitieren Minderheiten auf direkte Art und Weise durch diesen Einsatz ihrer Kommilitonen, oder manövriert es sie nicht ungefragt ins Fadenkreuz der «Täter»?

In der schulischen und universitären Lehre herrscht der Grundsatz: Lehre Studenten nicht, was sie zu denken haben; lehre sie, wie sie zu denken haben. Der Satz geht auf Sokrates zurück, weswegen das Modell des kritischen Denkens, Hinterfragens und Reflektierens auch als sokratische Methode bekannt ist. Das kritische Denken ist unbequem und führt derweil auch zu Frust und Wut. Aber nur durch diese Art des herausfordernden Konfrontierens wird etwas wirklich verinnerlicht und nicht blind adaptiert. Der Präsident der amerikanischen Stiftung *Foundation for Individual Rights in Education* und Autor des Buches *Unlearning Liberty* Greg Lukianoff und der Sozialpsychologe Jonathan Haidt warnten in einem vielbeachteten Artikel im Magazin *The Atlantic* vor den Folgen einer überregulierten Sprache für die Bildung und die mentale Gesundheit der Studenten. Ein universitäres Umfeld, das Sprecher omnipräsent überwacht und mit umfassender Strafe droht, erzeuge ganz unbewusst Gedankenmuster, die überraschenderweise denen ähnlich seien, die von kognitiven Verhaltenstherapeuten als Ursachen von Depressionen und Angst identifiziert wurden, so Lukianoff und Haidt. Die neue Schutzbereitschaft könne die Studenten also dazu bringen, pathologisch zu denken. Umgekehrt könne nur die freie und kontroverse Lehre Studenten auf ein Erwachsenenleben vorbereiten, in dem es alltäglich ist, mit Menschen in Berührung zu kommen, die anders und auch konträr denken.

Vielleicht mögen die Beispiele vom Campus trivial erscheinen, doch es gibt auch fernab des sprachlichen Diskriminierungsabbaus gegenüber Minderheiten eine nicht zu unterschätzende *political correctness*. In den letzten Jahren hat sich ein «postpolitischer Zeitgeist» ausgebreitet, der sich dagegen wendet, Widerstrebendes auszusprechen. Es ist daher leider nicht nur so, dass der Begriff der *political correctness* als Diffamierungskampagne von Rechtspopulisten verwendet wird, um andere Diskursteilnehmer zu diskreditieren und rassistisches und antisemitisches Gedankengut immer hoffähiger zu machen, sondern es gibt auch eine Tendenz dazu, unhinterfragt bestimmte Inhalte moralistisch zu verurteilen, obwohl sie legitim sind und fernab jeder rechtlichen Strafbarkeit liegen.

Zu den politischen Vokabeln, die in diesem Kontext in den letzten Jahren Karriere gemacht haben, gehört das Wort «alternativlos». Zunehmend werden Entscheidungen damit begründet, dass es zu ihnen keine wirkliche Alternative gibt. Ob es sich nun um die Stabilisierung des Finanzmarkts oder die Rettung des Euros handelt, stets wird auf den unausweichlichen Sachzwang verwiesen, dem die Politik stur zu folgen hat. Wer diese Logik nicht teilt, wird ausgegrenzt und wahlweise als gefährlich oder dumm hingestellt. Es wird suggeriert, dass jenseits der Alternativlosigkeit die vermeintliche Katastrophe drohe, das unabsehbare Chaos, in das uns diejenigen stürzen würden, die den Sachzwang nicht akzeptieren wollen. Statt zu streiten und um das bessere Argument zu kämpfen, wird Politik somit zunehmend auf das Schüren von Ängsten reduziert. Zur Beschreibung dieses Zustands hat sich in der politikwissenschaftlichen Diskussion der Begriff der Postdemokratie durchgesetzt. Damit ist eine Schwundstufe demokratischer Praktiken gemeint.

Die belgische Politikwissenschaftlerin Chantal Mouffe warnt davor, die sogenannte antagonistische Struktur des Politischen zu verleugnen; mit einer solchen Harmonisierung würden demokratische Ordnungen als Austragungsort einander widerstrebender Interessenparteien aufgegeben. Galt die Trennung von Wahrheits- und Machtfragen bis vor kurzem noch als besonders erstrebenswerte Errungenschaft moderner Demokratien, wird sie nun durch die populäre Sehnsucht nach Harmonisierung und Nivellierung, nach Konsens und Mitte, nach Zusammenhalt und Einheit bedroht. Es ist zu einem fatalen Trend geworden, all denjenigen politischen Meinungen, die sich nicht im vorgegebenen verengten Korridor bewegen, einfach abzusprechen, dass sie die politische Mitte repräsentieren würden. Unter solchen Bedingungen unterliegt es folglich einer moralistischen Willkür, einen politischen Standpunkt einzuordnen, denn das angenommene Spektrum selbst ist bereits politisch streitbar. Ein solch befürchteter Dauerkonsens löst den Pluralismus, die Demokratie und die Freiheit schleichend auf.

Es grassieren innerhalb und außerhalb der Parteien Formen der *political correctness*. Eine Zwangsmoralisierung, die die ablehnende Haltung gegenüber der Öffnung der Institution Ehe mit Homophobie gleichsetzt oder eine restriktive Einwanderungspolitik als Ausländerfeindlichkeit dämonisiert, trocknet politische Diskurse aus. Sicherlich mögen die hohe Komplexität und die Unübersichtlichkeit sich stetig wandelnder postmoderner Gesellschaften auch ein Grund für jene einfachen Antworten sein, die derzeit bei Populisten jeder Art verfügbar zu sein scheinen. Die genau falsche Antwort darauf aber ist, eine geeinte Mitte heraufzubeschwören, die differenzauflösende und zwangsharmonisierende Politik als demokratisch einwandfrei darstellt und jedwede Alternative moralisch diskreditiert. Wer sich jedoch nach einwandfrei demokratiewürdigen Verhältnissen, also einer zuverlässigen demokratischen Kultur im Sinne eines geordneten Wettstreits politischer Ideen sehnt, tut fehl daran, den Korridor der politischen Mitte zu verengen. In einer lebendigen Demokratie ist die Mitte niemals ein starrer Punkt, sondern sie ist gelebter Meinungspluralismus, bei dem es keine Redeverbote geben darf. «Es ist nicht nur konzeptionell falsch, sondern auch mit politischen Gefahren verbunden, wenn das Ziel demokratischer Politik in Begriffen von Konsens und Versöhnung anvisiert wird. Das Streben nach einer Welt, in der die Wir-sie-Unterscheidung überwunden wäre, basiert auf fehlerhaften Prämissen, und wer sich diese Vision zu eigen macht, muss die tatsächliche Aufgabe demokratischer Politik zwangsläufig verkennen», so Mouffe. Ihre Mahnung, vor lauter Sachzwängen und Konsensdruck nicht das Wesen des Politischen zu vergessen, ist ein wichtiger Gedanke, um die Krise der repräsentativen Demokratie zu bewältigen.

In westlichen Gesellschaften ist die konsensorientierte Form von Demokratie populär. Sie sind mit ein Grund für das Ventil, das weite Teile der Bevölkerung nutzen, indem sie Rechtspopulisten wählen. Hier ergibt sich eine interessante Parallele zwischen der Konflikttheorie Chantal Mouffes, der Parteiensoziologie Duvergers und der Freud'schen Psychoanalyse: Hier wie dort erweist sich die Verdrängung rational nicht aufgelöster politischer bzw. psychischer Potenziale – bei Freud im Unbewussten – als kontraproduktiv. Verdrängt man das Politische, so sucht es sich einen anderen Schauplatz. Abgedrängt durch einen vermeintlich auf dem Weg des Dialogs hergestellten Konsens sucht sich das unaufgearbeitete Konfliktpotenzial einen Ausweg in mitunter nicht mehr steuerbare Situationen, eine Dialektik, die eben das befördern hilft, was vermieden werden sollte: Dann erst werden Gegner zu Feinden, deren Konflikte womöglich nur mehr durch Anwendung von Gewalt ausgetragen werden können. Den Bürger schmerzt diese Unartikuliertheit dessen, was er sagen möchte und wozu er als Demokrat in einer Demokratie zu sagen berechtigt ist: nicht einverstanden zu sein mit Einzelnem, das aber nie im Einzelnen angesprochen werden kann. Demokratie als Ideenwettstreit löst sich auf, wenn immer mehr Ideen mit moralisch sagbar gegen moralisch unsagbar besetzt werden. Darin steckt eine Verbreitung von Moral, die Kapitalisierung von Moral als Werkzeug.

ZURÜCK ZUR URTEILS-KRAFT.
Plädoyer für eine neue Sachlichkeit

Ein Arzt und ein Türke ziehen in zwei völlig identische Wohnhäuser ein. Eines Tages sagt der Türke zum Arzt: «Mein Haus ist mehr wert als deins.» – «Die Häuser sind vollkommen baugleich», entgegnet der Arzt, «warum sollte deins mehr wert sein als meines?» Darauf der Türke: «Weil ich neben einem Arzt wohne und du neben einem Türken.»

Das erste Mal las ich diesen Witz auf der Facebook-Seite eines türkischstämmigen Freundes. Innerhalb weniger Tage verbreitete er sich unter Hunderten Bekannten, mit denen ich in den sozialen Netzwerken verbunden war. Ein Großteil jener, die den Witz teilten, waren selbst türkischer oder anderer migrantischer Abstammung, engagierten sich in der Integrationspolitik und kritisierten jede Art von Rassismus seit jeher scharf. In dem Witz verbarg sich die oftmals unterschätzte Wahrheit, dass Menschen mit Migrationshintergrund noch immer vielfältige Arten der Benachteiligung erfahren und mit strukturellem und Alltagsrassismus konfrontiert werden. Eine Studie des Forschungsbereichs des Sachverständigenrats deutscher Stiftungen für Integration und Migration wies 2014 nach, dass Jugendliche aus Einwandererfamilien auch bei gleicher Qualifikation schlechtere Chancen bei der Bewerbung um einen Ausbildungsplatz haben. Sie müssen deutlich mehr Bewerbungen schreiben, um zu einem Vorstellungsgespräch eingeladen zu werden, als Bewerber ohne Migrationshintergrund. Die Stiftung arbeitete mit Bewerbungsschreiben, die sich ausschließlich durch einen deutschen oder türkischen Namen unterschieden. Aus einem Bericht derselben Stiftung ging 2012 hervor, dass ein hoher Ausländeranteil unter den Schülern Eltern zunehmend dazu veranlasst, ihr Kind nicht auf die Grundschule in der Nachbarschaft zu schicken. In Berlin gehen demnach schon fast zwei Drittel aller Migrantenkinder auf eine Grundschule, in der Mitschüler mit ausländischer Herkunft die Mehrheit stellen. Um diesen Trend zu belegen, haben die Forscher 108 Berliner Grundschulen analysiert. So ist der Anteil von Migrantenkindern in jeder fünften Schule mehr als doppelt so hoch wie ihr Anteil an der Altersgruppe im Bezirk. Denn zehn Prozent der Eltern setzen durch, dass ihr Kind auf eine Wunschschule geht – oder gleich auf eine private. Da die Qualität von Unterricht kaum zu messen sei, nehmen sie «den Zuwandereranteil als Indiz für das Leistungsniveau».

Im Mai 2016 beherrschte ein bemerkenswerter Fall die deutsche Medienlandschaft. Ein Politiker sagte einer Zeitung in einem Hintergrundgespräch über den in Berlin geborenen und aufgewachsenen deutschen Nationalfußballspieler Jérôme Boateng, der einen ghanaischen Vater und eine deutsche Mutter hat: «Die Leute finden ihn als Fußballspieler gut.

Aber sie wollen einen Boateng nicht als Nachbarn haben.» In der Folge des umstrittenen Bekanntwerdens dieses Zitates ergoss sich ein Schwall Hass und Häme über den Politiker. Die Aussage mache ihn zum «Rassisten», war sich ein Großteil der Diskursteilnehmer einig. Eine große Zeitung titelte, der Politiker habe Boateng beleidigt. Als ich von diesem Fall gelesen habe, stellte sich mir nur eine einzige Frage: Wäre die öffentliche Reaktion auf diese Aussage genauso hysterisch und übersteigert ausgefallen, hätte es sich nicht um den AfD-Politiker Alexander Gauland, sondern um einen Politiker einer anderen Partei gehandelt? Gauland, sofern man seiner Einordnung und dem Wortlaut glauben kann, hat im genannten Fall nicht mehr getan, als auf den Missstand hinzuweisen, dass Einwandererkinder oder Deutsche mit ausländischem Aussehen um Integration kämpfen müssen. Sicherlich mag die Aussage nicht als neutrale Beschreibung eines Phänomens gemeint gewesen sein, sondern sie sollte als Argument dafür dienen, die Verwurzelung der Ideen der AfD in der Gesamtbevölkerung zu unterstreichen; der Wortlaut selbst war jedoch weder beleidigend noch rassistisch: Er war im Gegenteil konstruktiv entlarvend.

In den vergangenen Jahren sammelten sich Vorfälle wie diese immer häufiger. Ein hysterischer und streckenweise auch manipulativ kommentierender Journalismus inszenierte Aussagen einzelner rechtspopulistischer und rechtsextremer Politiker in einer Art, mit der er die ganze Partei der betreffenden Politiker in Geiselhaft nahm. Wurde eine Beatrix von Storch mit Häme überschüttet, als sie in ihrer sogenannten Mausklick-Affäre bejahte, dass beim Absichern deutscher Außengrenzen auch Frauen und Kinder unter Gewaltanwendung vom Übertritt abgehalten werden sollten, war derweil kein Thema, wie sich sämtliche Politiker von CDU und CSU, die die gleiche Position vertraten, zu so einer Frage geäußert hätten. Als Donald Trump in seiner «Grab the Pussy»-Affäre davon sprach, dass sich Prominente ausnehmen könnten, gefällige Mädchen auf diese Art anzufassen, sprach er eine Wahrheit aus, die inakzeptabel ist, aber doch Wahrheit bleibt. In aller gewollten Aufregung blieb so immer öfter auch ein Beigeschmack haften, der die Unkenrufe über die angebliche Lügenpresse zwar nicht legitimierte, jedoch zu verstehen gab, was gemeint war. Geschichten wurden zu oft nach schon existierenden Narrativen geschrieben. Vor Jahren fragte mich ein Journalist einer namhaften deutschen Zeitung an, einen Kommentar zur geplanten Rentenreform abzugeben, bei dem das Renteneintrittsalter vorgezogen werden sollte. Als Botschafterin eines Think Tanks für Generationengerechtigkeit hoffte der Journalist auf ein Statement, in welchem ich die Ungerechtigkeit des Vorhabens anprangern sollte. Als Mitglied des christlich-sozialen Arbeitnehmerflügels der CDU äußerte ich mich differenzierter, sprach davon, alte Menschen nicht zu nicht altersgerechter Erwerbstätigkeit unter physischer Belastung zwingen zu wollen. Mein Kommentar erschien nicht; der Journalist hatte sich anschließend nach jemandem umgesehen, der sein Narrativ des wütenden Jugendlichen bedienen konnte. Sein Job wäre gewesen, Wirklichkeit abzubilden: dass auch ein junger Mensch für das Rentenvorhaben sein konnte.

Nach den Landtagswahlen im Herbst 2016 trafen Ursula von der Leyen und Beatrix von Storch aufeinander. «Die Zeiten, wo Sie sagen können, ich bin auf der Maus ausgerutscht, sind vorbei», warf ihr die Verteidigungsministerin entgegen. Und: «Von jetzt ab gibt es keine ‹Lügenpresse› mehr, sondern Landtagsprotokolle.» Von Storch – wenn es um Schießbefehle oder Schwule geht, sonst um keine Rohheit verlegen – druckste kleinlaut herum, man solle die neuen Abgeordneten doch jetzt erst mal in den Parlamenten ankommen lassen. Es war ein wohltuender Ton von der Leyens in dieser Debatte, da sie der AfD keine Sonderrolle mehr zugestand. Derartige Sonderrollen, eine Dämonisierung und Tabuisierung, verstärken nämlich nur, dass jene sie glorifizieren, die das System hassen. Es gibt ihnen Märtyrer und bestärkt sie in ihrer Sicht, alle würden sie bewusst unterdrücken. Die Dämonisierung schafft gar etwas Weiteres: Die Überraschung darüber, wenn ein AfD-Funktionär nicht rassistisch, sondern normal ist und ein Trump sich auch anständig verhalten kann. Die Dämonisierung schafft, dass die Erwartungshaltung eine ganz andere ist.

Gegenteilig und damit in meinen Augen falsch agierte von der Leyen schließlich beim Wahlsieg Trumps: sichtlich schockiert über den Wahlsieg, keine Gratulation. Dabei könnte Trump Oberbefehlshaber der Nato sein. Auch Frank-Walter Steinmeier vermied, Trump zu gratulieren, und sprach nur davon, das Ergebnis zu akzeptieren. Was auch sonst? Er hatte ihn zuvor einen Hassprediger genannt. Steinmeier gab dann sogar Trump Ratschläge, wo er doch selbst gegenüber Putin einen oberdiplomatischen Ton anschlägt. Sigmar Gabriel nannte Trump gar einen Anhänger der faschistischen Internationale und stellte ihn in eine Reihe mit Le Pen, Putin, Erdogan und der AfD. Dabei ist Gabriel auch Vizekanzler – und schädigt so die deutsch-amerikanischen Beziehungen. Auch Merkels Gratulation umfasste Bedingungen – was, wenn Trump sich nicht daran hält, reißt die Zusammenarbeit dann ab? Trump ist nicht mehr nur Trump; er ist jetzt Präsident der USA. Immer wieder heißt es zu Recht, dass wir die Amerikaner brauchen, für unseren eigenen Wohlstand und für unsere eigene Sicherheit. Letzteres gilt heute mehr denn je, angesichts des islamistischen Terrorismus und eines aggressiv gestimmten Russlands, wo es übrigens keine zwei aussichtsreiche Kandidaten bei einer Präsidentenwahl gibt. Es spricht also alles dafür, sich mit Trump gutzustellen, nach Gemeinsamkeiten zu suchen, ihn zu sich herüberzuziehen, anstatt das Tischtuch zu zerschneiden. Hat das die deutsche Politik vergessen?

Den Sieger einer demokratischen Wahl zu beschimpfen oder ihm mit Unfreundlichkeit zu begegnen ist schlechter Stil. Es ist aber auch Ausdruck eines deutschen und europäischen Hochmuts. All die Warnungen, bloß nicht die Unkultur des amerikanischen Wahlkampfs in Europa einziehen zu lassen, zeugen von einer europäischen Überheblichkeit gegenüber den Vereinigten Staaten. Als wäre es unsere Aufgabe, den kulturlosen Amerikanern Demokratie, Anstand und Rechtschaffenheit beizubringen. Soweit erkennbar, stehen bisher weder die Demokratie noch der Rechtsstaat in Amerika nach dieser Wahl auf dem Spiel. Nach der erbitterten Wahlschlacht sind Trump und Hillary Clinton aufeinander zugegangen und haben das gesagt, was man nach einem solchen Tag sagt, um das Land zu beruhigen. Barack Obama hat das Seine dazu getan, in einer Rede und bei einem Treffen mit Trump im Weißen Haus. Niemand in Amerika ist auf die Idee gekommen, noch einmal Öl ins Feuer zu gießen. So geht Demokratie. Trump zu schmähen, wie es die deutschen Spitzenpolitiker getan haben, beleidigt auch die 60 Millionen Amerikaner, die ihn gewählt haben. Und die sind wohl nicht ausnahmslos Dorftrottel, die nicht ernst zu nehmen sind. Es gibt nämlich noch einen Grund, warum die Reaktionen deutscher Politiker auf den Wahlsieg Trumps so falsch waren: Durch sie werden die Vorurteile der Anhänger populistischer Parteien wie der AfD bestätigt, nach denen die Elite in unserem Land nur das gelten lässt, was in ihre Weltsicht passt. So läuft die deutsche Politik Gefahr, genau die Fehler zu wiederholen, die Hillary Clinton und ihr Lager gemacht haben.

Der übereifrige Hohn und die Banalisierung berechtigter Fragen, wenn beispielsweise Angela Merkel bei der Sorge vor Islamismus vorschlägt, deutsche Weihnachtslieder zum Blockflötenspiel zu singen, treiben erst recht Schaum vor den Mund. Entgegen der Ökonomie der Erregung, entgegen der Unruhe und Hysterie, verlangt es nun eine Zeit der Trennschärfe, Präzision und Genauigkeit. Eine entwaffnende Unaufgeregtheit, eine neue Sachlichkeit, die jedoch kein Aufruf zur Normalisierung von Radikalität oder zur Verrohung ist, sondern die von Chantal Mouffe beschriebene antagonistische Struktur für einen politischen Ideenwettstreit wiederherstellt, in dem Ideen wieder ernsthaft und ohne moralistische Vorverurteilung miteinander verglichen und diskutiert werden können.

Wenn dazu nötig ist, rechtspopulistischem Gedankengut innerhalb der Parlamente zu begegnen, es dort offen entlarven zu können und die Arbeit seiner Politiker mit dem gleichen Maßstab messen zu können, der an andere Politiker gehalten wird, ist das kein Grund zur Besorgnis, erst recht nicht zur Hysterie. Es ist das legitime Spiel der Kräfte innerhalb einer parlamentarischen Demokratie und kann, sofern die Unterstützung eben reichte, um sie in die Parlamente zu wählen, nur dazu dienlich sein, sich auf die Art und Weise mit dem Willen von Bürgern auseinanderzusetzen. Über Konfrontation nimmt man den Bürger ernst. So erst kann sein Vertrauen in die Demokratie wieder gesteigert werden. Länder wie Dänemark, die neue Parteien mit hoher Fluktuation in die Parlamente kommen und gehen sehen, bestätigen die hohe Zufriedenheit mit der Demokratie.

EIN MODER- NER KONSER- VATISMUS.
Eine Ermunterung

Zu keiner Zeit war der Ruf nach zeitgemäßer konservativer Politik dringender und berechtigter als heute. Denn Moderne und Konservatismus bedingen sich: Ohne Wandel besteht kein Bedarf nach Konservierung. Nur die Veränderung, das Brechen mit etwas und das Fortschreiten geben die Möglichkeit, mit konservativer Denkweise und Haltung zu reagieren. Der politische Konservatismus, dessen Ideengeschichte vielgestaltig und vieldeutig ist, meint im Kern die reflexive, selbstvergewissernde Auseinandersetzung mit einer sich wandelnden Umwelt.

Wir sehen in eine Zukunft der Ambivalenzen. Wer Eindeutigkeit propagiert, täuscht. Wir haben es im 21. Jahrhundert mit einer Welt zu tun, die sich permanent und in einer hohen Geschwindigkeit verändert. Das Konzept des alten Nationalstaats, jahrzehntelang das unhinterfragte Machtmodell schlechthin, leidet heute daran, in Anbetracht der Globalisierung an Stärke eingebüßt zu haben. Die Menschen sind verunsichert, wodurch irrationale Ängste und übereilte Hysterie entstehen. Der Verlust des Vertrauten im Zuge von Innovationen und Umgebungswechseln erzeugt oder zumindest verstärkt das kompensatorische Bedürfnis nach dem Gewohnten und Gleichbleibenden, nach Traditionspflege und Herkunftsvergewisserung. Eine Renaissance des Konservatismus steht daher bevor.

Doch wie kann ein zeitgemäßer Konservatismus im 21. Jahrhundert aussehen? Welche Haltung, Werte und Programmatik will er vertreten? Ist er für ein stures Zurück in vergangene Zeiten oder gestaltet er Zukunft prinzipientreu mit? Im Zuge des Aufkommens eines neuen Populismus, von verführerischen Scheinlösungen und neuen Formen von Reaktionismus und Faschismus unter dem Deckmantel des Konservativen sind die wirklich Konservativen aufgefordert, dem selbstbewusst entgegenzustehen. Der politische Konservatismus ist den Rändern überlassen worden, obgleich er, so wie ich es sehe, eine reflektierte Haltung der Mitte sein sollte.

Der Konservative mag oft der Spielverderber bei Trends und Hypes und Hysterien sein, er differenziert, statt zu verkürzen, er wägt ab, statt überzuschäumen. Er begegnet Neuem mit gesunder Skepsis, er entscheidet auf Grundlage der Stimmung der Mehrheitsbevölkerung, das macht ihn oftmals langsam und behäbig und doch sicherer und geerdeter. Die konservative politische Haltung steht für eine Kultur der Selbstvergewisserung. Konservatismus ist kritische Begleitung statt reaktionäres Überwerfen. Der Konservative agiert konsensual und integrativ in alle Streitfelder und sucht Kontakt in alle separaten Milieus. Er erwirbt sich seine Kredite von und aus allen Milieus.

Er nährt kein Denken in Schwarz und Weiß, in Freund und Feind, er arbeitet daran, alle mit einzubeziehen.

Spätestens seit der Diagnose des englischen Philosophen Michael Oakeshott, dass der Konservative jemand sei, der «das Reale dem Möglichen, das Begrenzte dem Unbegrenzten, das Brauchbare dem Vollkommenen und die Fröhlichkeit einem utopischen Glück» vorziehe, ist in Mode gekommen, den Konservatismus mit einer spezifischen Denkart anstatt einem politischen Programm zu identifizieren. Ganz ähnlich charakterisierte zuerst Edmund Burke – salopp gesprochen, der Urvater des Konservatismus – im 18. Jahrhundert die konservative Weltsicht: als eine Denkweise, die dem Rationalismus, der reinen Vernunft, mit Skepsis begegnet. Mein Konservatismus ist darum Haltung und Inhalt zugleich: Haltung deshalb, weil er sich durch die Annahme von Wirklichkeit auszeichnet, differenziert, und konstruktiv und evolutiv ist. Inhalt deshalb, weil er auf immerwährende Grundprinzipien setzt, die jedoch in einer sich wandelnden Welt in neue Programmatik übersetzt werden müssen. Souveränität und Subsidarität, Freiheit und Rechtsstaatlichkeit sind entscheidende Grundprinzipien konservativer Politik.

Irrig wäre jedenfalls die Annahme, den Konservatismus heute noch pauschal als Gegen-Aufklärung abtun zu können. Vielleicht ist sogar gerade das Gegenteil richtig: Es dürfte kein Zufall sein, dass Denker aus dem Dunstkreis der linken Frankfurter Schule bereits in der ersten Hälfte des 20. Jahrhunderts mutmaßten, dass die «Lokomotive der Weltgeschichte» nicht mehr Revolutionen seien, wie Karl Marx es noch gesehen hatte;

sondern diametral entgegengesetzt «der Griff des in einem Zug reisenden Menschengeschlechts nach der Notbremse» (Walter Benjamin). Das macht den heutigen Konservativen nicht zum Ewiggestrigen, sondern im Gegenteil zum aktiv Handelnden.

Ich habe in diesem Buch der politischen Kultur und dem öffentlichen Diskurs einen Verlust an Urteilsfähigkeit diagnostiziert. Wirklichkeit wird nicht mehr benannt, der faire und transparente demokratische Ideenwettstreit ist einem unübersichtlichen Streit um begriffliche Deutungshoheiten gewichen. Kein Beispiel bescheinigt dies so sehr wie die Debatten um den Kurs und den Kern der Christdemokratie.

Ich will, dass die CDU links wird, wenn links werden bedeutet, für Chancengleichheit, Bildungsoffensive, Familienförderung und Diversität einzustehen. Ich will nicht, dass die CDU links wird, wenn links werden bedeutet, Konsumverhalten moralistisch maßzuregeln, rechtsfreie Räume und Bandenkriminalität blind zu tolerieren und Staatsschulden verantwortungslos anzuhäufen. Ich will, dass die CDU rechts wird, wenn rechts werden bedeutet, Integration als Angebot und Pflicht auszulegen, eindeutige Anreize für Ausbildung und Arbeit zu setzen und innere Sicherheit durch die Durchsetzung von Recht und Ordnung zu gewährleisten. Ich will nicht, dass die CDU rechts wird, wenn rechts werden bedeutet, Menschen mit Migrationshintergrund mit Stereotypen zu belegen, mit Generalverdächtigungen zu begegnen und sie als minderwertig herabzusetzen.

Lineare Gesinnungsmetaphern sind nicht mehr in der Lage, Kursfragen zu beantworten. Es ist richtig, den Korridor des Sagbaren nicht weiter zu verengen. Es müssen auch Meinungen und Positionen anerkannt werden, die nach der herkömmlichen Deutung rechter sind, wie eine restriktive Migrationspolitik und pessimistischere Einschätzungen von Integrationspotenzialen und -kapazitäten, um der Wählerschaft der AfD eine ernste Alternative anzubieten. Es ist aber genauso richtig, das groß- und hauptstädtische *mindset* von Pluralismus und Diversität, liberaler Gesellschaftspolitik und bürgerlicher Gelassenheit zu adaptieren und somit die strukturkonservative CDU in das Zeitalter von Globalisierung, Sittenbefreiung und Lebensnähe zu führen. Konservatismus und Modernität, Werteverbundenheit und Offenheit schließen sich nicht aus. Deshalb bin ich Mitglied der CDU.

QUELLEN

Adorno, Theodor W./Walter Benjamin: Briefwechsel 1928–1940 (Frankfurt a. M., 1994)

Ahlener Programm. Zonenausschuss der CDU für die britische Zone (Ahlen/Westfalen, 3. Februar 1947)

Albert, Mathias, Hurrelmann, Klaus, Quenzel, Gudrun (Hg.): 17. Shell Jugendstudie 2015 (Hamburg, 2015)

Becker, Michael: Die politische Theorie des Konservatismus: Michael Oakeshott (Stuttgart, 2006)

Berg, Sibylle: Vielen Dank für das Leben (München, 2012)

Bertelsmannstiftung: 2010: Wendemarke oder tiefer in die Depression? 70 Prozent der Deutschen haben Vertrauen in Politik und Wirtschaft verloren (Gütersloh, 2009)

Beschluss des Bundesparteitages der CDU Deutschlands: Meine CDU 2017. Die Volkspartei (Karlsruhe, 2015)

Callsen, Sönke: Mehrheit der Deutschen befürwortet aktive Sterbehilfe, in: ZEIT ONLINE, 21. Januar 2014.

Christlich-Demokratische Union: Düsseldorfer Leitsätze (15. Juli 1949)

Eddy, Melissa und Johannsen, Katarina: Migrants Arriving in Germany Face a Chaotic Reception in Berlin, in: The New York Times, 26. November 2015.

Emcke, Carolin: Wie wir begehren (Frankfurt a. M., 2013)

Frey, Carl Benedikt und Osborne, Michael A.: The Future of Employment (Oxford, 2013)

Heisig, Kirsten: Das Ende der Geduld: Konsequent gegen jugendliche Gewalttäter (Freiburg, 2010)

Hessel, Stéphane: Empört Euch! (Berlin, 2011)

Houellebecq, Michel: Ausweitung der Kampfzone (Reinbek bei Hamburg, 2000)

Institut für Demoskopie Allensbach: «Deutliche Mehrheit der Bevölkerung für aktive Sterbehilfe. Zwei Drittel sind für die Erlaubnis aktiver Sterbehilfe, 60 Prozent für die Zulassung privater Sterbehilfe-Organsationen. Hohe Zustimmung auch für passive Sterbehilfe», 6. Oktober 2014.

Jüchter, Heinz Theodor: Wuppertal. Alt und Neu entdecken (Essen, 2012)

Kamann, Matthias: «Das Verbot der Sterbehilfe wäre ein Rückschritt», in: Die Welt, 17. April 2015.

Leonard, Zoe: I want a president (1992)

Lord Ashcroft Polls: How the United Kingdom voted on Thursday ... and why (lordashcroftpolls.com, 24. Juni 2016)

Lukianoff, Greg und Haidth, Jonathan: The Coddling of the American Mind, in: The Atlantic, September 2015.

Marwick, Reinhard, Pressestelle der Evangelischen Kirche in Deutschland: «Petra Bahr fordert Diskussion über die ‹Kultur des Digitalen›», 29. Februar 2012.

Marx, Karl: Die Klassenkämpfe in Frankreich (1850)

Münkler, Herfried: Wie ahnungslos kluge Leute doch sein können, in: ZEIT ONLINE, 20. Februar 2016.

Nassehi, Armin: Die Wiedergewinnung des Politischen. Eine Auseinandersetzung mit Wahlverweigerung und kompromisslosem Protest (Berlin, 2016)

Neudeck, Rupert: Radikal leben (Gütersloh, 2014)

Niedermayer, Oskar (Hg.): Die Parteien nach der Bundestagswahl 2013 (Berlin, 2015)

Mouffe, Chantal: Über das Politische. Wider die kosmopolitische Illusion (Frankfurt a. M., 2007)

–: Das demokratische Paradox (Wien, 2008)

Pascal, Blaise: Gedanken über die Religion (Berlin, 1840)

Platon: Sämtliche Werke (Berlin, 1940)

Röpke, Wilhelm: Maß und Mitte (Haupt Verlag, 1979)

Roth, Philip: Der menschliche Makel (München, 2002)

Sachverständigenrat deutscher Stiftungen für Integration und Migration: Pressemitteilung: «Jugendliche mit Migrationshintergrund haben auch bei gleicher Qualifikation schlechtere Chancen auf einen Ausbildungsplatz» (Berlin, 2014)

Seibel, Andrea: Udo di Fabio: «Staat muss die Grenzen beherrschen», in: Die Welt, 6. September 2015.

Singh, Rajvinder (Hg.): Über den Horizont hinaus (Remscheid, 2006)

Sloterdijk, Peter: «Es gibt keine moralische Pflicht zur Selbstzerstörung», Interview in: CICERO, 28. Januar 2016.

–: Primitive Reflexe, in: ZEIT ONLINE, 9. März 2016.

Smith, Dorothy: Writing the Social: Critique, Theory, and Investigation (Toronto, 1999)

Tomasi di Lampedusa, Giuseppe: Der Leopard (München, 1959)

Townsend, Sue: Downing Street No. 10 (Berlin, 2006)

Wehner, Markus und Lohse, Eckhart: Gauland beleidigt Boateng, in: FAZ.NET, 29. Mai 2016

Willemsen, Roger: Das Hohe Haus. Ein Jahr im Parlament (Frankfurt a.M., 2014)